Fritz Mühlmann

Mitten im Leben

Fritz Mühlmann

Mitten im Leben

Predigten von Weihnachten bis Weihnachten und zu besonderen Anlässen

Fromm Verlag

Impressum / Imprint
Bibliografische Information der Deutschen Nationalbibliothek: Die Deutsche Nationalbibliothek verzeichnet diese Publikation in der Deutschen Nationalbibliografie; detaillierte bibliografische Daten sind im Internet über http://dnb.d-nb.de abrufbar.

Bibliographic information published by the Deutsche Nationalbibliothek: The Deutsche Nationalbibliothek lists this publication in the Deutsche Nationalbibliografie; detailed bibliographic data are available in the Internet at http://dnb.d-nb.de.

Verlag / Publisher:
Fromm Verlag
ist ein Imprint der / is a trademark of
OmniScriptum GmbH & Co. KG
Heinrich-Böcking-Str. 6-8, 66121 Saarbrücken, Deutschland / Germany
Email: info@frommverlag.de

Herstellung: siehe letzte Seite /
Printed at: see last page
ISBN: 978-3-8416-0422-4

Dieses Buch widme ich
meiner Frau Doris und
unseren Kindern
Benjamin, Tobias, Katharina,
Philipp, Henriette und Frieder (+ 2008)
in tiefer Dankbarkeit für
40 Jahre Ehe und Familie

Altar aus der Kirche zu Löbnitz von 1629 mit der Stifterfamilie derer von Schönfeldt und den wichtigsten Stationen aus dem Leben des Jesus von Nazareth

Inhaltsverzeichnis

Evangelische Kirche zu Löbnitz, Nordsachsen

Vorwort

„Mitten im Leben“ stehen Menschen, die an Sonn- und Feiertagen Gottesdienste in Kirchen und Gemeindehäusern aufsuchen. Sicher: Viele der Gottesdienstbesucher haben die Mitte des Lebens überschritten. Aber deshalb sind sie ja nicht aus der Welt, sondern dem Leben zugewandt und nehmen Anteil am Leben der Kinder und Enkelkinder.

„Mitten im Leben“ sind all jene, die sich aktiv um ihre Lebensplanung und -gestaltung bemühen; die nicht aufgehört haben, sich den immer neuen Herausforderungen zu stellen und den Mut haben, zu neuen Zielen aufzubrechen.

„Mitten im Leben“ hatte es den Autor erwischt. Ein akuter Herzinfarkt und dessen Folgen hatten mich gezwungen, fast ein Jahr lang aus dem Pfarrdienst auszusteigen. Den Glauben an den „lieben Gott“, den ich meinte zu kennen, hatte ich verloren. Da war nichts mehr, was mir Halt geben konnte. Mühsam suchte ich nach einem Weg zu einer neuen Gottesbeziehung. Schließlich fand ich den bedingungslos liebenden Gott, wie ihn Jesus von Nazareth im Vaterbild proklamiert hatte. So konnte ich nach langer Pause wieder vorsichtig beginnen, die „Frohe Botschaft“ von der Menschenfreundlichkeit Gottes mit neuer Zuversicht zu verkünden. Und deshalb hoffe ich, dass Ihnen, liebe Leser, die allen Menschen zugetane Freundlichkeit Gottes in diesem Buch aufleuchtet.

Mit meinen Predigten gerade in den letzten Dienstjahren hatte ich versucht, die alten biblischen Texte in unsere sich so rasch wandelnde Zeit hineinsprechen zu lassen. Die Menschen, die zu uns in die Kirchen kommen, haben einen Anspruch darauf, dass wir sie mit ihren Fragen, Sorgen, Anliegen und Problemen ernst nehmen, damit die „Mitte des Lebens“ einen Adapter findet für Menschen mitten im Leben. Nur so kann der christliche Glaube für Menschen, die sonst täglich in Beruf und Gesellschaft ihren Mann, ihre Frau stehen müssen, an Relevanz gewinnen.

Mit dieser Predigtauswahl aus meinem letzten Dienstjahr möchte ich Sie als Leser und Leserin einladen zu einem Gang durch das Kirchenjahr. Gewiss: Das Kirchenjahr beginnt mit dem 1. Advent. Aber ich habe bewusst den Bogen von Weihnachten bis wieder zu Weihnachten gezogen. Denn es geht um die zentrale Frage: Was bewegt uns, wenn wir die Menschwerdung Gottes bedenken und feiern?

Für den zweiten Teil habe ich Predigten zu besonderen Anlässen ausgewählt. Gerade die besonderen Anlässe sind ja die Schnittstellen, die Aufbrüche oder auch die Ein- und Umbrüche „Mitten im Leben“. Um so notwendiger ist es, dass Prediger und Predigerinnen die alten Texte in Beziehung bringen zu den unterschiedlichen Lebensbezügen der Menschen mitten im Leben. Christliche Gemeinden können mit ihrem Potential den Menschen in ihrem Umfeld an diesen besonderen Abschnitten des Lebens Räume anbieten, um mit geeigneten Ritualen die Übergänge gestalten und der Sprachlosigkeit Worte zu geben.

Schon lange hatte ich mich von der so genannten klassischen Dreiteilung der Predigten verabschiedet. Viel mehr lag mir daran, die Hörer und Hörerinnen gedanklich mit auf einen Weg zu nehmen und zu einem Ziel zu führen. Ein Gedanke, eine Kernaussage aus dem Text, sollte sich wie ein roter Faden durch die Predigt ziehen. Oder aber es waren aktuelle tagespolitische Themen, zu denen ein entsprechender Text gesucht wurde. Immer war es mein Bemühen, das wohlwollende Wirken Gottes aufzuzeigen und die Menschen für das Leben im Alltag zu ermutigen.

Meine eigene Gottesbeziehung und mein Umgang mit der „Heiligen Schrift“ hatten sich durch die persönliche tiefe Krise grundlegend gewandelt. Deshalb habe ich die vorläufig letzte Predigt allen anderen voran gestellt. Denn aus dieser Predigt erfahren Sie, warum ich so zu den Leuten gesprochen habe und was mich an dem uns Menschen bedingungslos und voraussetzungslos liebenden Gott so fasziniert.

Dem Frommverlag Saarbrücken danke ich ganz herzlich für die Ermutigung zu diesem Predigtband.

Fritz Mühlmann, Pfarrer im Ruhestand

Bad Düben, zu Ostern 2015

Das Letzte zuerst - Den Abschied gestalten

Die vorläufig letzte Predigt im Verabschiedungsgottesdienst Anfang Januar 2015

Liebe Älteste und liebe Gemeinde!
In den vergangenen Wochen wurde ich immer wieder mal mit der Frage „Was, sie wollen uns verlassen?“ konfrontiert. Ich kam dann jedes mal in Erklärungsnot. Wenn ich mich morgen früh auf mein Motorrad schwingen und mich mit unsrer Kreditkarte nach Spanien oder Südfrankreich absetzen würde, hätte meine Frau allen Grund, so zu fragen. Aber hier verlasse ich ja niemanden mit meinem Ausscheiden aus dem aktiven Dienst in der Kirche.

Kinder werden verlassen, deren Eltern sich nicht mehr um sie kümmern. Ehepartner verlassen einander, wenn Liebe und Vertrauen auf der Strecke geblieben sind. Aber ich verlasse Sie nicht im Sinne der Fragestellung, die vermittelt, dass da welche unversorgt zurück bleiben.

Mit meiner Anstellung als Pfarrer in Ihren Gemeinden zum 1. März 1999 bin ich mit Ihnen ein Dienstverhältnis eingegangen. Und dieses Dienstverhältnis wird nun beendet und aufgehoben. Das ist ein ganz normaler Vorgang, auch wenn wir in dieser Zeit aneinander gewiesen waren, wie es in der Übertragungsurkunde heißt. Aber eine Ehe waren wir nicht eingegangen.

15 Jahre und 10 Monate gingen wir mehr oder weniger intensiv miteinander auf dem Weg und ich hatte versucht, Ihnen mit meinen Begabungen und Möglichkeiten zu dienen, so gut ich es vermochte. Ich weiß, dass ich viele Wünsche und Erwartungen von Ihnen nicht erfüllt habe und manche Enttäuschung haben Sie schlucken müssen.

Aber das sind die unvermeidbaren Konflikte, wenn so unterschiedliche Erwartungen und Ansprüche aufeinander treffen. Das geht nicht ohne Reibungen und Verwundungen auf beiden Seiten. Entscheidend jedoch ist, dass Menschen dennoch im Gespräch bleiben und sich nicht gegenseitig mit Schuldzuweisungen verteufeln. Soweit ist es zum Glück in keiner Gemeinde in diesen Jahren gekommen. Auf halber Strecke im Unterwegssein gab es ein Ereignis, welches Sie alle stark irritiert hatte: Ihr Pfarrer wurde für viele Monate aus dem Verkehr gezogen. Und aufmerksamen Predigthörern war bestimmt aufgefallen, dass die Predigten nach der Krankheit anders waren als die zuvor.

Bis zum Oktober 2009 hatte ich einen unerschütterlichen Glauben an die universale Wahrheit der Bibel. Selbst der tragische Tod unseres jüngsten Sohnes im Januar 2008 konnte diesen Glauben nicht infrage stellen. Dann aber kamen die Einbrüche: Herzinfarkt im Oktober 2009 und drei Monate später Bypassoperation. Dabei hatte mir ein Herzspezialist vier Wochen vor der OP versichert: Herr Mühlmann, ihr Herz leistet das, was man von einem gesunden Menschen in ihrem Alter erwarten kann.

Doch es kam so ganz und gar anders. Mir war der Boden unter den Füßen entzogen worden und ich hatte jeglichen Glauben an den Gott der Bibel verloren. Da war nichts mehr, was mir Halt geben konnte. Ich war total leer und völlig verunsichert. Und es brauchte Zeit, bis ich überhaupt wieder in der Lage war, auf Gott hin zu denken und mich mit den Fragen des Glaubens auseinander zu setzen.

Zwei Menschen mit ihren Büchern hatten mir dabei sehr geholfen. Der eine war der evangelische Theologe und Professor Klaus-Peter Jörns aus Berlin mit seinem Buch „Notwendige Abschiede" und der andere war der katholische Priester und Professor Eugen Biser (+ 2014) aus München mit seinem Buch „Theologie der Zukunft".

Ich wage zu behaupten, dass ich von diesen beiden Theologen mit ihren Schriften, inzwischen sind es mehr als nur diese zwei Bücher, mehr an Theologie gelernt habe, als in dreißig Jahren zuvor. Ja, es waren für mich richtige Entdeckungen, die ich da machte und die mir den Zugang zum Glauben neu eröffneten.

Entdeckung Nr. 1 gilt dem Bibelverständnis. Eugen Biser schreibt: *„Ich halte es für ein fundamentalistisches Missverständnis, wenn man das Neue Testament mit der Gottesoffenbarung gleichsetzt: Es ist der literarische Niederschlag der Offenbarung Gottes. Das ist aber etwas wesentlich anderes."* (Biser, S. 134)

Das bedeutet: Die biblischen Texte sind nicht von Gott diktierte Niederschriften, sondern das Ergebnis gewagten Glaubens nach mündlicher Überlieferung, die erst viel später verschriftlicht wurde. Die Texte erzählen vom Glauben und den Glaubenserfahrung von Menschen in ganz konkreten geschichtlichen Situationen und Lebensbezügen.

Seitdem aber hat sich die Erde 730.000 mal um sich selbst gedreht. Will sagen: Unsere Fragen und Probleme heute sind andere als die der Menschen von damals. Also müssen wir auch vom Glauben her andere, der heutigen Zeit angemessene Antworten finden und geben. Diese erste Entdeckung hatte mir einen freieren Umgang mit biblischen Texten ermöglicht gerade im Blick auf tagesaktuelle Themen in Politik und Wirtschaft.

Die 2. Entdeckung zielte auf ein neues Gottesverständnis. Wieder berufe ich mich da auf Eugen Biser, der schreibt: *„Das Christentum unterscheidet sich von allen anderen Weltreligionen..., dass es nicht einen ambivalenten Gott vertritt, der einmal liebt und dann wieder droht und straft, sondern den Gott der bedingungslosen Liebe. Und diesen Gott der bedingungslosen Liebe, hat nach meiner tiefen Überzeugung erst Jesus entdeckt und in seiner Botschaft zur Geltung gebracht."* (Biser, S. 57)

Dieser Gott, den Jesus als Vater anredet, ist kein launischer Despot. Er ist seinem Wesen nach ein Liebender und uns in überfließender Liebe Begegnender – und das voraussetzungslos und bedingungslos. Das wird an der Hingabe Jesu zu diesem Gott und den Menschen gegenüber deutlich. Wir sind immer schon und für immer Geliebte.

Die theologischen Konsequenzen aus diesen Erkenntnissen, die bei Eugen Biser schon anklingen, hatten Professor Klaus-Peter Jörns zu dem Buch „Notwendige Abschiede" veranlasst.

Professor Jörns entfaltet in diesem Buch acht Thesen zu theologischen Aussagen und Standpunkten, von denen sich das Christentum in Lehre und Praxis verabschieden müsste. Seine Begründung lässt sich folgendermaßen zusammenfassen: In allen wissenschaftlichen Disziplinen ist man immer neuen Erkenntnissen und Entdeckungen gefolgt. Nur in der Überlieferung des Glaubens sind wir bei Luther und den alten Kirchenvätern stehen geblieben trotz vieler neuer theologischer Erkenntnisse. Das aber stellt die Glaubwürdigkeit christlicher Verkündigung infrage.

In der Umsetzung dessen ist Ihnen vielleicht aufgefallen, dass ich beim Abendmahl die biblischen Einsetzungsworte nicht mehr zitiere, sondern durch zeitgemäße und den neuen theologischen Erkenntnissen entsprechende Formulierungen ersetzt habe.

Und genauso die Worte bei der Austeilung von Brot und Wein: Ich sage nicht mehr „Christi Leib für dich gegeben“, sondern „Brot des Lebens, Gottes Gabe für dich“ und nicht mehr “Christi Blut für dich vergossen“, sondern „Die Frucht des Weinstocks – Gottes Liebe für dich“. Wenn wir einen Gott als Gegenüber haben, der uns voraussetzungslos und bedingungslos zugewandt ist und bleibt, dann erübrigt sich jeder Straf- und Gerichtsgedanke.

Ja, wir nehmen heute Abschied voneinander. Das Dienstverhältnis wird beendet. Abschiede gehören in vielfältiger Weise zu unserem Leben. Und Abschiede sind notwendig, um neu aufbrechen zu können.

Die Ordinationsrechte werden mir belassen. D.h., ich kann zu jeder Zeit, wann immer ich will, in Gemeinden Gottesdienste halten und Amtshandlungen durchführen. Aber eine angemessene Zeit der Pause sollte schon sein.

Ich wünsche Ihnen, dass Sie sich nicht in ein Verlassenheitsgefühl einigeln. Schauen Sie nach vorne und entdecken Sie für sich und Ihre Gemeinden neue Formen, den Glauben an den Gott der Bibel zu leben. Haben Sie Mut, dem Beispiel des Jesus von Nazareth zu folgen und ganz unkonventionell, wie Jesus damals, von diesem Gott zu reden in einer Sprache, die die Menschen um Sie herum verstehen.

Und dann vielleicht geschieht hier und da das Wunder, dass der eine oder die andere Herz und Leben im Glauben diesem Gott öffnen und zu befreiten Menschen werden. Das zu erleben, wünsche ich Ihnen von ganzem Herzen. Ich danke Ihnen für alles Miteinander in den gemeinsamen Jahren. Gott segne Sie. Amen.

Literatur:

- Biser, Eugen, Theologie der Zukunft
- Jörns, Klaus-Peter, Notwendige Abschiede

1. Teil:
Predigten an Sonn- und Feiertagen

Kirche Löbnitz, Vergoldeter Ritter unter der Bilderdecke

Michael Jackson unter der Kirchendecke

Predigt am Heilig Abend 2013

Liebe Gemeinde!

Am Mittwoch vor dem 4. Advent waren verschiedene Schulklassen der Löbnitzer Grundschule im Rahmen eines Projekttages in der Löbnitzer Kirche. Ein Junge der dritten oder vierten Klasse fragte plötzlich ganz erstaunt: „Was macht denn der Michael Jackson in der Kirche?“ Und dabei zeigte er auf die goldene Ritterfigur ganz oben über dem Epitaph von Adolf von Schönfeldt direkt unter der Kirchendecke. Eine verblüffende Assoziation von einem Kind. Michael Jackson war bekannt für seine Auftritte in glitzernden Kostümen auf großen Bühnen. Der gehört zur Welt der Kinder. Sie kennen seine Musik.

Wie weit entfernt dagegen ist ihnen die Geschichte des Jesus von Nazareth. In ihren Fantasiewelten leben Elfen, Hobbits und Kobolde. Da gibt's Zwerge und Feen, Zauberer und Hexen, Drachen und andere Furcht erregende Ungeheuer.

Aber für Gott als den Schöpfer des Universums und der Quelle allen Lebens ist in den Welten der Kinder kaum noch Platz. Gewiss: Heute spielen in vielen Kirchen Kinder und Erwachsene die alte Geschichte von der wundersamen Geburt des Jesuskindes im Stall von Bethlehem. Manche haben sich wochenlang darauf vorbereitet. Ein Theaterstück, ein Märchen wird da aufgeführt und schließlich auch als solches betrachtet und nach der Christvesper abgehakt. Damit aber wird die Menschenwerdung Gottes zu Kinderkram; taugt nicht für Erwachsene. Auch wenn das niedlich aussieht und schön anzusehen ist. Doch zuallererst sollen wir Erwachsenen mit der Botschaft des Evangeliums erreicht werden: *„Freut euch, denn euch ist heute der Heiland geboren!“* (Lukas 2,11)

Menschen, aus deren Leben die Freude gewichen ist, sollen wieder Freude am Leben haben. Menschen, die alle Hoffnung auf Veränderung zum Guten hin verloren haben, sollen wissen: Es bleibt nicht ewig so düster. Gott lässt sein Licht aufgehen. Zu hoffen, lohnt sich. Menschen, deren Leben von Streit und Unfriede aufgerieben wird, dürfen hören: Es soll Frieden werden auf Erden und in deinem Leben. Mit Jesus kommt der Friede auch zu dir.

Menschen, die das Gefühl haben, abseits zu stehen; die ohne Liebe sind; die schwer an ihren inneren Verletzungen tragen; all denen sagt doch die Botschaft von Weihnachten: Lebt auf, Gott erbarmt sich euer. Lasst euch beschenken mit dem Engel der Liebe und dem Geist der Versöhnung. Ihr braucht nicht mehr zu hassen. Hört auf mit eurer zänkischen Rechthaberei. Lasst das zerstörerische Nachtragen.

Verstehen Sie? Das ist die Botschaft an uns Erwachsene, die wir vom Leben gezeichnet sind und die wir doch in uns die Sehnsucht nach Frieden, Geborgenheit und gegenseitigem Verstehen tragen. Sicher, auch euch Kindern ist gesagt: Fürchtet euch nicht! Fürchtet euch nicht auf eurem Schulweg oder auf dem Sportplatz. Fürchtet euch nicht in den großen Städten. Fürchtet euch nicht vor fremden Menschen.

Aber wir, die Erwachsenen, müssen dafür sorgen und eben eine Welt schaffen, in der Kinder sich nicht mehr zu fürchten brauchen. Das ist doch die große Herausforderung der Botschaft von der Menschwerdung Gottes für uns Menschen nun schon seit fast 2000 Jahren. Anders wird Friede nicht werden.

Was aber machen wir? Wir produzieren immer mehr Waffen, mit denen immer mehr Menschen getötet werden. Deutschland steht in der Welt an dritter Stelle der Rüstungsindustrie. Weltweit bekriegen sich Menschen mit in Deutschland hergestellten Tötungsmaschinen. Waren die 55 Millionen Tote des 2. Weltkrieges noch nicht genug?

In diesen Tagen war in der Leipziger Volkszeitung ein Satz von Albert Einstein zu lesen, der heißt: „Im Atomzeitalter muss die Menschheit den Krieg abschaffen.“ Das klingt nur allzu logisch, soll es nicht eines Tages dahin kommen, dass wir Menschen uns selber von unserer geliebten Erde ausrotten.

Freuet euch, denn euch ist der Heiland geboren! Engelsbotschaft, himmlische Worte aus einer anderen Welt und doch bestimmt für unser Ohr. Dass doch diese Worte Herz und Seele erreichen, damit wir fähig werden, wahrhaft Frieden zu schaffen und der Völkerverständigung dienen.

Um der Zukunft der uns nachfolgenden Generationen willen muss es uns ein Herzensanliegen sein, dass die Rede von Gott und seinem Friedensreich nicht verstummt und in Hass oder Gleichgültigkeit erstickt wird. An allem, was heute versäumt wird an Schutz des Lebens, an Friedensarbeit und Versöhnungsbereitschaft, haben spätere Generationen schwer zu tragen.

Michael Jackson in der Kirche? Ob es dadurch friedvoller unter uns sein würde? Ich habe da meine Zweifel. Ganz sicher aber könnten wir einen entscheidenden Schritt hin zum Frieden für alle Menschen vorankommen.

Wir bräuchten nur den Worten des Jesus von Nazareth, ob nun in Bethlehem geboren oder nicht, mehr zu trauen und versuchten, in seiner Spur das Zusammenleben von Menschen zu gestalten.

Dann wären wir dem Anliegen von Weihnachten sehr nahe und unsere Feste wären befreit vom allgemeinen Weihnachtsrummel, der um dieses Fest gemacht wird. Und Gott hätte seine Freude daran, die er gewiss mit uns teilen würde. Amen.

Kirche Löbnitz, Innenansicht mit Blick zum Altar

Was bleibt uns von Weihnachten?

Predigt am 1. Weihnachtsfeiertag

Liebe Gemeinde!

Die erste Hürde ist geschafft. Aller Trubel der Vorbereitung um das Fest und um die Geschenke liegt hinter Ihnen. Jetzt können Sie tief durchatmen und Luft holen. Heute mit dem 1. Weihnachtstag beginnt die Weihnachtszeit. Für die Händler in den Supermärkten ist sie jedoch schon vorbei.

Was bleibt uns von Weihnachten, wenn wir all den Trubel lassen, wenn wir die gewohnten Bilder von Maria und Josef mit dem Kind beiseite legen, wenn die Hirten wieder ihrer Arbeit nachgehen und die Sterndeuter sich wieder auf den Weg nach Hause begeben haben?

Was bleibt uns von Weihnachten nach Gänsebraten, Karpfen oder Kartoffelsalat mit Salzheringen? Was bleibt, wenn der Christstollen aufgegessen ist und die Geschenke im Schrank einsortiert sind und wenn der Weihnachtsbaum dem Feuer zum Opfer gefallen ist?

Ein Wort aus dem ersten Teil der Bibel, aus einer Zeit lange vor der Christgeburt, hat mich auf das Weihnachtsthema geführt ohne Hirten und Stall, ohne den Stern von Bethlehem und ohne die Weisen aus dem Morgenland. Aber in diesem alten Lied wird das zentrale Thema von Weihnachten angesprochen, denn darin heißt es: *„Der Herr denkt an uns und segnet uns."* (Psalm 115,12) Gott gedenkt seiner Menschen! Schon am Ende der Josefsgeschichten lesen wir*: Ihr gedachtet es böse zu machen, aber Gott gedachte es gut zu machen.* (1. Mose 50,20)

Josef versöhnt sich mit seinen Brüdern, die ihn heimlich nach Ägypten verkauft hatten aus Neid und Wut über das verwöhnte Nesthäkchen. Die Geschichte stand lange gegen Josef: Sklaverei und Gefängnis waren sein Schicksal.

Die Begabungen jedoch bleiben. Nur müssen sie gereinigt werden von Stolz und Hochmut. Dann erst ist Josef bereit und fähig zu der noch viel größeren Aufgabe, für die Gott ihn auserwählt hatte: Neben dem König der mächtigste und einflussreichste Mann in Ägypten zu werden. In der Rückschau gewinnt er dann die Einsicht, dass Gott es war, der sein schlimmes Schicksal in Segen gewandelt hatte.

In der „Bibel in gerechter Sprache" liest sich das dann so: *„Ihr nämlich habt euch Böses ausgerechnet gegen mich. Gott hat es zum Guten summiert, um das zu tun, was heute zutage liegt: ein großes Volk zum Leben zu bringen."* (1. Mose 50,20) Ja, der Herr denkt an uns und segnet uns.

Israel hatte seinem Gott damit ein wunderbares Lied angestimmt. Ein Lied der Ermutigung, der Hoffnung und des Glaubens. Hier einige Verse daraus: *„Nicht uns, Herr, nicht uns, sondern dir allein steht Ehre zu! Du allein bist gnädig und treu! Warum dürfen die Völker höhnisch fragen: »Wo bleibt er denn, ihr Gott?« Unser Gott ist im Himmel, und alles, was er will, das tut er auch! Ihr Israeliten, vertraut dem Herrn! Er allein gibt euch Hilfe und Schutz. Ihr Priester, vertraut dem Herrn! Er allein gibt euch Hilfe und Schutz. Ihr alle, die ihr den Herrn achtet - vertraut ihm! Er allein gibt euch Hilfe und Schutz. Der Herr denkt an uns und segnet uns. Sein Segen gilt ganz Israel."*

(Ps. 115,1-3+9-12)

Nicht immer konnten die Israeliten ein so fröhliches Lied anstimmen. Allzu oft war dieses kleine Volk zwischen die Fronten der Großmächte geraten. Allzu oft hatten politische Fehlentscheidungen für Zerstörung, Not und Elend im Land gesorgt. Und immer wieder hatte Israel seinen Gott vergessen und hatte mit den Göttern der Nachbarvölker sympathisiert. Die Stimmen der Mahner und Rufer jedoch wurden überhört.

In den dunklen Zeiten aber erinnerte sich dieses Volk dann wieder an den Gott der Väter. Und sie schrieen zu ihm: *„Herr, wie lange willst du uns so ganz und gar vergessen?"* (Psalm 13,2f) Wie groß müssen Not und Elend von Menschen sein, bevor sie so Gott um Hilfe bitten?

Und dann durften diese Menschen das Prophetenwort hören: *„Kann eine Mutter ihren Säugling vergessen? Bringt sie es übers Herz, das Neugeborene seinem Schicksal zu überlassen? Und selbst wenn sie es vergessen würde – ich vergesse dich niemals! Unauslöschlich habe ich deinen Namen in meine Handfläche geschrieben"* (Jesaja 49,15 f)

Ja, der Herr denkt an uns und segnet uns! Das erkennen Menschen in der Rückschau auf ihren Lebensweg. Erst wenn wir innehalten, nehmen wir die Segensspur Gottes in unserem Leben wahr und erkennen: Menschen trachten, es böse zu machen. Ja, wir selbst sind nicht frei von bösen

Gedanken über andere. Aber hoffentlich erkennen wir das andere dann auch: Und Gott gedachte, es gut zu machen.

Das ist das Thema von Weihnachten: Gott gedenkt seiner Menschen. Er denkt so sehr an uns, dass er sich anschickt, einer von uns zu werden, geboren von einer jungen Frau am Rande des großen Weltgeschehens im Kinde einfacher armer Leute.

Heute beginnt die Weihnachtszeit. Gelegenheit daran zu denken, dass wir einen Gott haben, der an uns denkt, der uns nicht vergessen hat und der uns nicht im Stich lässt. Mit jeder Taufe und in jedem Abendmahl sollen wir dessen gewiss werden: Der Herr denkt an uns und segnet uns. Deshalb können wir, die wir seinen Namen tragen, es uns leisten, in dieser Zeit nach Weihnachten an Menschen zu denken, an die sonst niemand denkt und ihnen mit kleinen Aufmerksamkeiten etwas vom Segen Gottes schenken.

Auf die Weihnachtszeit folgt die Passionszeit und die Osterzeit. Alles ist um unser, um der Menschen Willen geschehen, so die Botschaft des Evangeliums von Jesus Christus, weil Gott seiner Menschen gedachte; weil er nicht von ihnen lassen kann und will. Das sollte uns Grund genug sein, auch ihn nicht zu vergessen und ihm für alle seine Segnungen zu danken. Amen.

In der Spur Jesu bleiben

Predigt zum Jahresschluss

Liebe Gemeinde!
Zum Jahresschluss ist es erlaubt, Rückschau zu halten und zu fragen, was hat das Jahr gebracht und was hat sich in den vergangenen Monaten, Wochen und Tagen verändert.

Was hat sich verändert im Blick auf Ihr Leben außer vielleicht, dass der Kreis derer, denen Sie zum Geburtstag gratulieren, eventuell kleiner geworden ist? Was hat sich für Sie verändert im Blick auf die große Weltpolitik, außer dass die Angst vor immer neuen gewaltsamen Konflikten größer wurde? Oder was hat sich nun auch im Blick auf Ihre Zugehörigkeit zur Kirche verändert, außer die verunsichernde Mitteilung, dass ab sofort auf Ihre Zinsen auch Kirchensteuern von den Banken abgeführt werden? Ist nicht sonst alles so geblieben, wie es immer schon war?

Und in unserem Glauben an den Gott der Bibel ändert sich ja ohnehin nichts. Da halten wir uns an die alten Texte und die Überlieferung vergangener Generationen. Deshalb erwarten wir auch keine Veränderung an dieser Stelle. Gleichzeitig aber beklagen wir den Zustand unserer Gemeinden, die immer kleiner werden und es uns nicht gelingen will, dass Menschen neuen Zugang zum Glauben finden.

Wie aber sollen Menschen Zugang zum Glauben finden, wenn sie an etwas glauben sollen, was ihnen so ganz und gar nicht einsichtig erscheint? Denn an Gott zu glauben, ist weder vernünftig noch logisch. Der Glaube an einen wie auch immer gedachten Gott, ist irrational und unvernünftig zugleich. Wieso also sollen Menschen an einen Gott glauben, den sie noch nie in ihrem Leben erfahren haben?

Gerade für junge Menschen ist es absurd, an einen Gott zu glauben, der im Leben ihrer Eltern keine Rolle spielt und der in der Welt nichts ausrichtet. Denn sollte es den Gott der Christen wirklich geben, dann müsste es doch in der Welt gerechter und friedvoller zugehen. Dann müssten die Christen erlöster aussehen, hatte schon Friedrich Nietzsche angemahnt. Und in dieser Weise, so meine ich, hat wahrscheinlich auch schon der größte Teil der Christen in Deutschland aufgehört, an den Gott der Bibel zu glauben.

Warum sie noch nicht aus der Kirche ausgetreten sind, können sie sich selber nicht erklären.

Der Glaube lebt wie jede Beziehung von persönlichen Begegnungen und Erfahrungen. Wer aber in seinem Leben nicht auf persönliche Glaubenserfahrungen zurückgreifen kann, dem geht das Gegenüber in dieser Beziehung verloren. Konkret: Wer keine eigenen Glaubenserfahrungen gemacht hat, verliert die Sinnhaftigkeit für den Glauben an einen Gott, der sich nicht zeigt, der schweigt, der nicht erfahrbar geworden ist.

Die Kirche verkündet mit ihren alten Traditionen leider immer noch einen Glauben, der im Leben der Menschen, auch vieler Kirchenmitglieder, keinen Widerhall findet. Wenn Gott schweigt, wenn Gott für Menschen unerreichbar bleibt - und das scheint die Erfahrung der meisten im Land zu sein -, dann können Menschen auch nicht an diesen Gott glauben. Dann macht es auch keinen Sinn; denn einen abwesenden Gott braucht niemand. Den kann man getrost vergessen. Das ist die Logik des Unglaubens, des Nichtglaubens.

Das Paradoxe am Glauben jedoch ist, dass Gott nur von denen erfahren und gefunden wird, die an ihn glauben. D.h., der Glaube fängt da an, wo Menschen gegen ihre Erfahrung der Abwesenheit Gottes an Gott festhalten und ihn so gewissermaßen in ihr Leben „zwingen". Martin Luther sagte: *„Hast du Glauben, hast du Gott!"*. Und schon bei dem Propheten Jeremia lesen wir: *„Wenn ihr mich sucht, werdet ihr mich finden. Ja, wenn ihr mich von ganzem Herzen sucht, will ich mich von euch finden lassen."* (Jeremia 29,13f) Und im Markusevangelium lesen wir von einem Mann, der in seiner Verzweiflung zu Jesus kommt und ruft: *„Herr, ich glaube, hilf meinem Unglauben!"* (Markus 9,24) Niemand hatte der Familie des Mannes helfen können gegen die schlimme Krankheit seines Sohnes. Alle menschlichen Möglichkeiten schienen ausgeschöpft zu sein und auch Gott schien machtlos an dieser Stelle.

„Herr, ich glaube, hilf meinem Unglauben!" - ist das Bekenntnis eines Menschen, der erkennt, dass er trotz aller Religiosität und trotz aller Tradition in einem praktizierten Unglauben lebt. Im alltäglichen Lebensvollzug kommt Gott nicht vor, da hat er keinen Platz.

„Herr, ich glaube, hilf meinem Unglauben!“ – heißt dann: Herr, schenke mir Glauben und überwinde meinen Unglauben. Lass mich endlich erfahren, dass ich deinen Worten trauen kann und sie mir Halt und Hilfe sind. Lass mich dich wahrnehmen als einen Gott, der ein Herz für die Armen, Kranken und Elenden hat.

Wenn dieser Hilferuf eines Menschen nicht durch die Erfahrung erlebter Hilfe erhört und so die Not gewendet wird, ist alles weitere Reden von diesem Gott billige Vertröstung, ist Selbstbetrug, ist Schwindel.

Der Satz von Luther kann auch missverständlich klingen: *„Hast du Glauben, hast du Gott; hast du keinen Glauben, hast du ihn nicht, jeder hat immer gerade so viel Gott, wie er glaubt.“* (Martin Luther, Tischreden)

Hier legt sich der Schluss nahe, dass Gott letztendlich doch nur in der Einbildung der Menschen existiert. Ich muss nur glauben, dass da ein Gott ist, dann ist Gott auch für mich da. Das ist wie mit den „Placebos“ in der Medizin. Man muss nur dran glauben, dass die Pille hilft, dann hilft sie auch.

Aber mit den „Gotteserfahrungen“ der Glaubenden verhält es sich doch anders. Menschen eröffnet sich durch den Glauben eine Welt als reale Wirklichkeit, die ihnen bis dahin verborgen geblieben war; die sie nur vom Hörensagen kannten. Auf einmal erschließen sich ihnen Worte und Bilder der Bibel, sprechen in ihr Leben hinein und lassen erkennen, dass Gott immer schon da war; nur dass ich ihn nicht erkannt und als solchen wahrgenommen hatte. Jetzt aber wird er für mich zu einer real existierenden Größe auch außerhalb meines Denkens und außerhalb meiner Lebenskreise. Gott hört nicht auf zu existieren, wenn mein Leben aufhört. Im Gegenteil: Kommt mein irdisches Leben an sein Ende, nimmt er mich auf in seine göttliche Existenz, schenkt mir neues Dasein. Das umschreibt die Bibel mit ewigem Leben. Der Glaubende empfängt, worauf er hier nur hoffen konnte.

Was heißt das konkret? Als Christen und Christinnen stehen wir vor anderen immer wieder mit leeren Händen da. Wir haben nichts vorzuweisen außer die alten Texte der Bibel und eine sehr zwiespältige Kirchentradition, und wir müssen es ertragen, dass andere sich Kopf schüttelnd abwenden. So hatte schon der Apostel Paulus an die Christen in Korinth geschrieben: *„Uns hält man für Narren, weil wir an Christus glauben.“* (1. Korinther 4,10)

Ja, es kann sein, dass wir müde werden auf dem Weg des Glaubens, dass wir das Ziel aus dem Blick verlieren und sich alles infrage stellt. Dann braucht es Geschwister im Glauben, die wieder aufhelfen, die tragen und mitgehen. Deshalb ist Gemeinde, ist das Eingebundensein in der Gemeinschaft der Glaubenden so wichtig.

Ich wünsche Ihnen, dass die Erinnerung an früher gemachte Glaubenserlebnisse Sie stark macht, auch im kommenden Jahr in der Spur des Jesus von Nazareth zu gehen - auch wenn Sie belächelt werden - und dass Sie in diesem Gehen für andere zum Segen werden. Amen.

Kirche Löbnitz, Ausschnitt aus dem Altar von 1629 „Abendmahl“

Gott nahe zu sein ist mein Glück

Predigt zur Jahreslosung 2014

Liebe Gemeinde!
Mit einem Gedicht von Kurt Tucholsky beginne ich heute:

Ja, das möchste:
Eine Villa im Grünen mit großer Terrasse,
vorn die Ostsee, hinten die Friedrichstraße;
mit schöner Aussicht, ländlich-mondän,
vom Badezimmer ist die Zugspitze zu sehn –
aber abends zum Kino hast dus auch nicht weit.
Das Ganze schlicht, voller Bescheidenheit:
Neun Zimmer, - nein, doch lieber zehn!
Ein Dachgarten, wo die Eichen drauf stehn,
Radio, Zentralheizung, Vakuum,
eine Dienerschaft, gut erzogen und stumm,
eine süße Frau voller Rasse und Verve –
(und eine fürs Wochenend, zur Reserve) -,
eine Bibliothek und drumherum
Einsamkeit und Hummelgesumm.
Im Stall: Zwei Ponies, vier Vollbluthengste,
acht Autos, Motorrad – alles lenkste
natürlich selber – das wär ja gelacht!
Und zwischendurch gehst du auf Hochwildjagd.

Ja, und das hab ich ganz vergessen:
Prima Küche – erstes Essen –
alte Weine aus schönem Pokal –
und egalweg bleibst du dünn wie ein Aal.
Und Geld. Und an Schmuck eine richtige Portion.
Und noch ne Million und noch ne Million.
Und Reisen. Und fröhliche Lebensbuntheit.
Und famose Kinder. Und ewige Gesundheit.
Ja, das möchste!

Aber, wie das so ist hinieden:
Manchmal scheints so, als sei es beschieden
Nur pöapö, das irdische Glück.
Immer fehlt dir irgendein Stück.
Hast du Geld, dann hast du nicht Käten;
Hast du die Frau, dann fehl'n dir Moneten –
Hast du die Geisha, dann stört dich der Fächer:
Bald fehlt der Wein, bald fehlt uns der Becher.

Etwas ist immer.
Tröste dich
Jedes Glück hat einen kleinen Stich.
Wir möchten so viel: Haben. Sein. Und gelten.
Daß einer alles hat:
Das ist selten. (Kurt Tucholsky, Internet)

Vom Glück soll die Rede sein. Aber was ist das, was wir Glück nennen? Sucht nicht jeder und jede ein anderes Glück? Ein bekanntes Sprichwort sagt: *„Jeder ist seines Glückes Schmied!"* Das klingt ja so, als könnten wir uns das Glück des Lebens selber bereiten. Und das wäre ganz im Sinne von Helmuth Graf von Moltke, der sagte: *„Glück hat auf die Dauer nur der Tüchtige."*

Vertrauter sind aber für uns wohl andere Sprichwörter wie diese: *„Glück im Spiel - Unglück in der Liebe."* Oder: *„Glück und Glas - wie leicht bricht das."* Und den Traum vom großen Glück hat wohl jeder schon mal geträumt. Auch dazu eine kurze Geschichte von Berthold Brecht:

„Es war einmal ein Prinz, weit drüben im Märchenlande. Weil der nur ein Träumer war, liebte er es sehr, auf einer Wiese nahe dem Schlosse zu liegen und träumend in den blauen Himmel zu starren. Denn auf dieser Wiese blühten die Blumen größer und schöner als sonst wo. Und der Prinz träumte von weißen Schlössern mit hohen Spiegelfenstern und leuchtenden Söllern.
Es geschah aber, dass der alte König starb. Nun wurde der Prinz sein Nachfolger. Und der neue König stand nun oft auf den Söllern seines weißen

Schlosses mit den hohen Spiegelfenstern. Und er träumte von einer kleinen Wiese, wo die Blumen größer und schöner blühten als sonst wo."

(A. Kühner, Überlebensgeschichten, S. 196)

Das scheint das Geheimnis des Glücks zu sein, dass wir es immer da suchen, wo wir gerade nicht sind. Wir sehen das Glück bei anderen, aber nicht bei uns. Wir erleben um uns glückliche Menschen und sehnen uns nach mehr Glück und glücklichen Tagen.

Manchmal ist das Glück nicht zu fassen, nicht nur für Verliebte. Das Märchen vom „Hans im Glück" erzählt auf seine Weise davon. Der Hans, der für sieben Jahre gute Arbeit einen schönen Batzen Gold zum Lohn erhält, tauscht diesen nacheinander ein in ein Pferd, dieses in eine Kuh, die in eine Sau und die in eine Ganz, und die schließlich in einen Schleifstein.

Und mit jedem Tausch erfüllt den Hans neues Glücksgefühl. Immer scheint es ein Volltreffer zu sein, ein Hauptgewinn. Und als ihm der Schleifstein dann noch in den Brunnen fällt und er nun gar nichts mehr hat, da scheint er der glücklichste Mensch auf der Erde zu sein. Voller Freude ruft er aus: *„So glücklich wie ich bin, gibt es keinen Menschen unter der Sonne!"* Und fröhlich kehrt er heim zu seiner Mutter. Anders betrachtet sehen wir aber auch, dass der, der viel hat, nicht automatisch glücklich ist. Auch dazu eine kurze Geschichte von Lew Tolstoi zeigt:

„Ein Zar lag schwerkrank darnieder und versprach: ‚Die Hälfte meines Reiches will ich dem geben, der mich wieder gesund macht!' Da versammelten sich alle Weisen des Landes und beratschlagten, wie sie den Zaren heilen könnten. Aber niemand wusste Rat. Nur ein weiser erklärte: ‚Wenn man einen glücklichen Menschen findet, und ihm sein Hemd auszieht und es dem Zaren anlegt, dann wird der Zar genesen.' Daraufhin schickte der Zar Boten aus, die in seinem weiten Reich einen glücklichen Menschen suchen sollten. Aber es gab keinen einzigen Menschen, der mit allem wahrhaft zufrieden und deshalb glücklich gewesen wäre. Der eine war zwar gesund, aber in seiner Armut unglücklich. Und wenn einer gesund und reich war, dann war die Ehe unglücklich oder seine Kinder waren nicht geraten. Kurz – alle hatten einen Grund, sich über etwas zu beklagen.

Da ging einmal spät am Abend der Zarensohn an einer armseligen Hütte vorüber, und er hörte, wie drinnen jemand sagte: ‚Nun ist Gott sei Dank

meine Arbeit geschafft, ich habe gut verdient, ich bin satt und kann mich nun ruhig schlafen legen. Was wünschte ich noch? Ich wüsste es nicht!'
Den Zarensohn erfasste eine große Freude. Nach seiner Rückkehr in den Palast befahl er, diesem Mann sein Hemd auszuziehen und ihm dafür so viel Geld zu geben, wie er nur wünschte, und dem Zaren das Hemd zu überbringen. Die Boten eilten zu dem glücklichen Menschen, um ihm gegen schweres Gold sein Hemd einzutauschen. Aber der Glückliche war so arm, dass er gar kein Hemd hatte ..'" (A. Kühner, Überlebensgeschichten, S. 312f)

Natürlich ist auch das ein Märchen und wir dürfen die Armut eines Menschen nicht verklären, so, als seien nur die Armen glücklich. Aber etwas über das Glück oder das Glücklichsein können wir doch aus diesen Geschichten lernen – und zwar wieder mit einem Sprichwort gesagt: *„Zum Glück gehört, dass man irgendwann beschließt, zufrieden zu sein."*

Nicht, dass man sich entschließt, von heute an glücklich zu sein. Das wird nicht gelingen. Eher wohl so, dass sich ein glückliches Lebensgefühl einstellt, wenn wir lernen, mit dem zufrieden zu sein, was wir haben und unser eigen nennen. In einem kleinen Gedicht von Goethe liest sich das dann so:

„Das Glück, kein Reiter kann's erjagen,
es ist nicht dort, es ist nicht hier;
lern überwinden und entsagen,
und ungeahnt erblüht es dir!" (A. Kühner, Zuversicht, S. 253)

Die Losung für dieses Jahr ist ein Satz vom Glück. Ein steiler Satz, der uns so vielleicht noch nie in den Sinn kam: *„Gott nahe zu sein ist mein Glück"* Ganz am Ende von Psalm 73 steht dieses Bekenntnis. Wir hatten zu Beginn einige Verse gelesen. Aber bevor der Psalmbeter zu diesem Bekenntnis kam, schüttet er sein Herz aus. Er klagt, wie es ihn schier wahnsinnig machte, dass andere reicher, wohlhabender, gesünder und glücklicher sind als er. Sein Leben schien nur als Mangel zu bestehen. Immer sah er bei anderen nur das, was er nicht hatte. Das machte ihn krank und ließ ihn auch in seinem Glauben an Gott irre werden.

Schließlich aber entscheidet sich der Beter gegen allen Augenschein, sein Leben der Fürsorge Gottes anheim zu stellen. Und das erfüllt sein Herz mit Frieden und mit Glück:

„Jetzt aber bleibe ich immer bei dir, und du hältst mich bei der Hand. Du führst mich nach deinem Plan und nimmst mich am Ende in Ehren auf. Herr, wenn ich nur dich habe, bedeuten Himmel und Erde mir nichts. Selbst wenn alle meine Kräfte schwinden und ich umkomme, so bist du doch, Gott, allezeit meine Stärke - ja, du bist alles, was ich habe! Eines ist sicher: Wer dich ablehnt, wird zugrunde gehen; du vernichtest jeden, der dir die Treue bricht. Ich aber darf dir immer nahe sein, mein Herr und Gott; das ist mein ganzes Glück! Dir vertraue ich, deine wunderbaren Taten will ich weitererzählen."

(Psalm 73,23-28)

Wir dürfen uns glücklich schätzen, weil Gott uns seine Nähe zugesagt hat. Es liegt an uns, diese Nähe zu erwidern. Dazu zum Schluss nun noch ein Sprichwort: *„Um Glück zu empfinden, muss man bereit sein, sich zu öffnen, und in sich ruhen,"* So wünsche ich Ihnen für dieses neue Jahr, dass Ihnen beides gelingen möge und Ihnen hier und da ein kleines Glück erblüht. Amen.

Literatur:

- Tucholsky, Kurt, Das Ideal
- Kühner, Axel, Überlebensgeschichten
- Kühner, Axel, Zuversicht
- Die Sprichworte sind im Internet unter „Glück" zu finden.

Ermutigung für eine Willkommenskultur

Predigt am 3. Sonntag nach Epiphanias über Verse aus Apostelgeschichte 10

Liebe Gemeinde!
Der Bürgerkrieg in Syrien ist weit genug entfernt, um uns wirklich zu schrecken. Die Folgen dieses Krieges aber erschrecken uns schon. Nämlich darin, dass Menschen, die aus ihrem Land vor dem Krieg fliehen, in unserer Nähe und Nachbarschaft Asyl erhalten sollen.

Gemeint ist damit nicht mehr und nicht weniger, als das diesen Kriegsflüchtlingen vorübergehend ein sicherer Ort zum Leben angeboten werden soll. Ist der Krieg vorbei und Syrien wieder befriedet, werden diese Menschen gewiss wieder in ihre alte Heimat zurückkehren. Das jedenfalls ist erklärtes Ziel aller Politiker, die sich jetzt so stark machen für die Aufnahme von Kriegsflüchtlingen aus Syrien.

Was hält uns eigentlich davon ab, Menschen, deren Leben in ihrer angestammten Heimat bedroht ist, wohlwollend in unseren Städten und Dörfern willkommen zu heißen? Wohnraum ist doch reichlich vorhanden.

Und vom Glauben her müssten uns die meisten syrischen Flüchtlinge ja wie Geschwister sein und näher stehen als gottlose Verwandte der eigenen Familie. Denn diese fremden Menschen - sicher nicht alle, aber viele - sind Christen und glauben wie wir an die Heilstaten Gottes in Jesus Christus; lesen in der gleichen Bibel wie wir als Grundlage des Lebens und können mit der syrisch orthodoxen Kirche auf eine viel ältere christliche Tradition verweisen als wir hier in Deutschland haben. Wieso aber ist das Ganze mit so viel Angst unsererseits besetzt? Und warum die lauten Proteste, wo es doch nur um Hilfe für Menschen in Not geht, also um praktizierte Nächstenliebe?

Die Geschichte, die uns für heute zu bedenken empfohlen wurde, befasst sich genau mit diesen Fragen: Die Angst vor dem Fremden und zugleich Abgrenzung gegenüber allem, was fremd ist, allem, was nicht den eigenen Gewohnheiten und Denkmustern entspricht. Der weltoffen denkende Arzt Lukas beschreibt in seiner Geschichte der Apostel, wie schwierig es für die junge christliche Kirche war, den Auftrag Jesu, das Evangelium allen Menschen zu verkünden, in die Tat umzusetzen.

Gott selbst musste die religiös und ethnisch bedingt aufgerichteten Schranken überwinden helfen, bevor der Apostel Petrus und der römische Offizier Kornelius sich im Haus des Römers die Hände reichen und sich an einen Tisch setzen konnten.

Das ganze zehnte Kapitel der Apostelgeschichte beschäftigt sich mit diesen schwierigen Fragen. Ich versuche zusammen zu fassen, nur einiges zu lesen: Kornelius wird beschrieben als ein aufrichtiger Mann mit weitem Herzen für Menschen in Not. Großzügig spendet er für die Diakonie. Und obwohl er Befehlshaber einer Kompanie der Besatzungsmacht ist, zeigt er großes Interesse am jüdischen Glauben und betet - wohl eher heimlich - zu dem Gott der Juden.

Dieser römische Offizier hatte eines Tages eine Engelserscheinung, eine Epiphanie. Und er hörte, dass er Boten nach Joppe schicken sollte - einer kleinen Stadt an der Küste etwa 50 Km entfernt -, um einen Mann namens Simon Petrus in sein Haus holen zu lassen. Unverzüglich schickte Kornelius die Boten auf den Weg.

Am nächsten Morgen, die Männer des Römers haben ihr Ziel fast erreicht, widerfährt dem Petrus in Joppe beim Morgengebet Ähnliches: In einer Vision sieht er aus dem Himmel ein großes Tuch herabschweben, in dem sich viele Tiere befinden. Und er hört die Aufforderung: *„Schlachte und iss!“ „Unmöglich!“* - entgegnet Petrus schroff, *„alles unreine Tiere!“* Darauf die Stimme aus dem Himmel: *„Wieso kommst du, Mensch, darauf, etwas unrein zu nennen, was Gott geschaffen hat?“* (Apostelgeschichte 10,13+14)

Und während Petrus noch dem eben Erlebten nachsinnt, pochen die Boten aus Cäsarea unten an die Haustür und Petrus geht mit ihnen. Die erste Schranke ist überwunden. Und wieder ist ein Tag vergangen, ehe der kleine Trupp mit Petrus in der Mitte das Haus des Kornelius erreicht. Man muss schon gut zu Fuß sein, will man die Strecke von ca. 50 Km an einem Tag schaffen. Viel Zeit aber, um im Unterwegssein über sich, Gott und die Welt nachzudenken.

Am Ziel angekommen muss Petrus sich wahrscheinlich mehr um seiner selbst willen für sein dem alten Glauben entgegengesetzten Verhalten rechtfertigen, indem er vor Kornelius und allen Anwesenden erklärt:

"Ihr wisst ebenso wie ich, dass es einem Juden streng verboten ist, in das Haus eines Nichtjuden zu gehen oder sich auch nur mit ihm zu treffen. Aber Gott hat mir gezeigt: Ich darf keinen Menschen für unrein halten und ihm darum die Gemeinschaft verweigern. Deshalb bin ich auch gleich zu euch gekommen, als ihr mich gerufen habt. Aber was wollt ihr nun von mir?

(Apostelgeschichte 10,28+29)

Und nun erzählt der römische Offizier von seiner Engelserscheinung, der Beauftragung, Petrus holen zu lassen und endet mit dem steilen Satz: *„Nun sind wir alle hier in Gottes Gegenwart versammelt und wollen hören, was du uns im Auftrag des Herrn zu sagen hast."* (Apostelgeschichte 10,33b) Die zweite Schranke ist gefallen! Das ist doch spannend: Nicht der gläubige Jesusnachfolger betont die Gegenwart Gottes in dieser Begegnung von fremden Menschen, sondern der im Land Fremde spricht davon.

Die umständliche und ausführliche Erzählweise des Lukas zeugt davon, wie schwer sich die junge Kirche tat, die Frohbotschaft des Jesus von Nazareth an Nichtjuden zu vermitteln. Die ersten Christen verstanden sich noch ganz und gar in der jüdischen Glaubenstradition als das von Gott bevorzugt erwählte Volk mit dem Tempel in Jerusalem als das Zentralheiligtum und den Ort der Gegenwart Gottes. Und das, obwohl Jesus selbst schon in großer Freiheit den Umgang mit Menschen pflegte, die von frommen Juden gemieden und verachtet wurden. Denn für Jesus stand das Gebot der Liebe Gottes zu allen Menschen an erster Stelle.

Dieses zu lernen, war die Aufgabe der ersten Christengemeinden in Palästina, wie hier am Beispiel des Petrus gezeigt wird. Und nur Pfennigweise fällt der Groschen, wie wir weiterlesen: *„Da begann Petrus zu sprechen: "Jetzt erst habe ich richtig verstanden, dass Gott niemanden wegen seiner Herkunft bevorzugt oder benachteiligt. Alle Menschen sind ihm willkommen, ganz gleich, aus welchem Volk sie stammen, wenn sie nur Ehrfurcht vor ihm haben und so leben, wie es ihm gefällt.“*

(Apostelgeschichte 10,34f)

Selbst jetzt noch versucht Petrus die uneingeschränkte Liebe Gottes zu allen Menschen einzuschränken auf die, die an Gott glauben und nach seinen Geboten leben. Und das hatte die Kirche immer getan mit den fatalen Folgen bis heute. Das Heil Gottes in Jesus Christus galt nur den Getauften.

Die Grenzen wurden neu gezogen. Es gab ein Drinnen und ein Draußen. Und die draußen waren, waren die Verlorenen, die Sünder, die Bösen, die Heiden, die eben auch mit Gewalt zu ihrem Heil bekehrt werden mussten.

Mit oder nach den Missionaren kamen immer die Soldaten, die Goldgräber und Schatzsucher, die Räuber und Amtleute, um über andere Völker herzufallen und sie auszubeuten. Und immer geschah es mit Billigung der Kirche. Das ist die dunkle Seite der Kirchengeschichte, die uns wie ein Schatten verfolgt.

Die Geschichte von Petrus und Kornelius mündet ein in ein beeindruckendes Finale. Wir lesen weiter:

„Petrus hatte seine Rede noch nicht beendet, da wurden alle, die zuhörten, mit dem Heiligen Geist erfüllt. Die Juden aus der Gemeinde in Joppe, die mit Petrus gekommen waren, konnten es kaum fassen, dass Gott auch Nichtjuden den Heiligen Geist schenkte. Denn sie hörten, wie die Menschen in fremden Sprachen redeten und Gott lobten. Petrus aber sagte: "Wer könnte ihnen jetzt noch die Taufe verweigern, wo sie genau wie wir den Heiligen Geist empfangen haben?" Und er ließ alle auf den Namen Jesu Christi taufen. Danach baten sie Petrus, er möge noch einige Tage bei ihnen bleiben." (Apostelgeschichte 10,44-48)

Menschen unterschiedlicher Herkunft, Kultur und Glaubenstraditionen gewähren sich einander Gemeinschaft für eine bestimmte Zeit. Dann trennen sich ihre Wege wieder. Die Gemeinschaft aber erleben sie als Gegenwart Gottes, indem sie einander zuhören und ins gegenseitige Verstehen gefunden haben. Nur so konnte die Angst voreinander überwunden werden.

Wie schwierig, ja beinahe unmöglich es ist, über den eigenen Schatten zu springen, d.h., die von Angst gesetzten Grenzen zu überwinden, zeigen doch die zähen Verhandlungen

- um die Lösung des Syrienkonfliktes
- bei der Schaffung eines Palästinenserstaates
- im Atomstreit mit dem Iran
- um Ruhe und Frieden in Ägypten zu sorgen
- um die Verhinderung eines Bürgerkrieges in der Ukraine
- und bei den vielen anderen Krisen der Welt.

Ich wünschte, wir hätten die Kraft und den Mut, im Zusammentreffen mit fremden, Hilfe suchenden Menschen eine solche Entgrenzung zuzulassen, wie sie zwischen Petrus und Kornelius geschehen war. Dann würde unser Christsein viel an Glaubwürdigkeit gewinnen. Amen.

Motorradfahrer auf dem Pfarrhof in Löbnitz

Glauben nach dem Herzen Jesu

Predigt am letzten Sonntag nach Epiphanias über 2. Petrus 1,16-19

Liebe Gemeinde!

Der letzte Sonntag nach Epiphanias steht inhaltlich unter dem Thema der Verklärung Jesu, wie wir in der Evangelienlesung gehört hatten. Diese kurze Episode war den Evangelisten so wichtig, dass sie außer von Matthäus auch von Markus und Lukas überliefert wurde. Wird doch mit dem Wort aus dem Himmel die Gottessohnschaft Jesu bezeugt und untermauert.

Natürlich hat auch diese Gottesrede eine frühe, in den Schriften Israels bekannte Vorlage. Die Könige Israels galten als die Gesalbten Gottes; allen voran der König David. Von ihm heißt es im zweiten Psalm: *„Der Herr sprach zu mir: Mein Sohn bist du. Heute habe ich dich gezeugt."* (Psalm 2,7)

Mit der Krönung, die ursprünglich mit der Salbung durch den Propheten Samuel vollzogen wurde, tritt der König Israels ein in eine neue Gottesbeziehung. Denn eigentlich ist Gott der König Israels und der König in Jerusalem steht nur an Gottes Stelle. Deshalb wird er Sohn Gottes genannt. Darin ist seine besondere Autorität begründet.

Und genau das war den Evangelisten wichtig, nun dies auch von dem Wanderprediger aus Nazareth zu bezeugen. Der für Menschen unsichtbare Gott bekennt sich in besonderer Weise zu diesem Menschen mit dem Zeugnis: *„Das ist mein geliebter Sohn, an dem ich meine Freude habe."*
(Matthäus 17,5)

Und um eine derart gewichtige Aussage glaubwürdig erscheinen zu lassen, braucht es drei Zeugen. Die werden hier sogar mit Namen genannt: Petrus, Jakobus und Johannes. Auch bei anderen Gelegenheiten sind es diese drei, die den anderen Jüngern vorgezogen werden. Und nun beruft sich der Schreiber des heutigen Predigttextes auf die Gotteserfahrung der Freunde Jesu. Er schreibt an Menschen in Kleinasien, die weder Jesus noch einen der Apostel persönlich kennen gelernt hatten. Menschen, die aber durch das Zeugnis von Missionaren zum christlichen Glauben gefunden hatten.

Darf man der theologischen Wissenschaft trauen, dann müssen wir davon ausgehen, dass der 2. Petrusbrief die zuletzt geschriebene Schrift des Neuen Testamentes ist; also ungefähr aus der Zeit um 150 n. Chr.. Der

Apostel Petrus als erster Gemeindeleiter in Jerusalem und später in Rom war da schon 90 Jahre tot.

Irgendjemand hatte sich die Freiheit genommen, den Christen in Kleinasien mit der Autorität des Simon Petrus zu schreiben und sie vor den Gefahren aufkommender Irrlehren zu warnen. Denn in dem damaligen Nebeneinander unterschiedlichster Religionen und philosophischer Denkmuster konnte leicht der auf Christus ausgerichtete Gottesglaube ins Wanken kommen. Das zu verhindern ist das Anliegen des zweiten Petrusbriefes. Wir hören die Verse 16-19 aus dem ersten Kapitel:

„Wir haben doch keine schönen Märchen erzählt, als wir euch von der Macht unseres Herrn Jesus Christus und von seinem Erscheinen berichteten. Mit unseren eigenen Augen haben wir ihn in seiner ganzen Größe und Herrlichkeit ja selbst schon gesehen. Gott, der Vater, hat ihm diese Ehre und Macht gegeben. Als Jesus mit uns auf dem Berg war, haben wir selber die Stimme des höchsten Gottes vom Himmel gehört: »Das ist mein geliebter Sohn, an dem ich meine Freude habe.« Umso fester verlassen wir uns jetzt auf das, was Gott durch seine Propheten zugesagt hat. Auch ihr tut gut daran, wenn ihr darauf hört. Denn Gottes Zusagen leuchten wie ein Licht in der Dunkelheit, bis der Tag anbricht und der aufgehende Morgenstern in eure Herzen scheint.“ (2. Petrus 1,16-19)

Die Jesusgeschichten der Evangelien werden als bekannt vorausgesetzt. Sonst könnte der Briefschreiber sich nicht darauf berufen. Er bringt in Erinnerung, was in den Gemeinden schon von Jesus und den Heilstaten Gottes verkündet wurde. Das sollen die Menschen, die getauften Christen, nicht vergessen und sich nicht klein reden lassen.

„Wir haben euch doch keine schönen Märchen erzählt ..“ - führt der Briefschreiber an und wehrt sich damit gegen Vorwürfe, dass das, was von diesem Jesus erzählt wurde, gar nicht wahr sein könne, weil es so unglaublich klingt; weil es die menschliche Logik durchkreuzt. Das bleibt wohl auch für uns das große Ärgernis des Glaubens, dass wir es mit allem Reden von Gott und von Jesus mit einer Wirklichkeit zu tun haben, die sich unserer Logik und jeder menschlichen Beweisführung entzieht. Wir können nur von dem reden, was uns von Gott her widerfahren ist, was wir als Gotteserfahrung wahrgenommen haben.

Menschen, denen Gott wie auch immer begegnet ist, d.h., Menschen, die in die unsichtbare Wirklichkeit Gottes eingetaucht sind, haben damit ein für sie ganz reales Erleben wahrgenommen. Und wenn sie davon erzählen, ist das 100-prozentig authentisch. Für die Hörer kann es im besten Falle zur Bestärkung eigener Gotteserfahrungen dienen. Für andere dagegen sind es schöne Geschichten, die für das eigene Leben nicht taugen und nichts bewirken.

Schließlich greift der Briefschreiber in die Trickkiste antiker Briefkunst. Er schreibt so, als wäre er der Jesusjünger Simon Petrus und berichtet von der Verklärung Jesu so, als wäre er selbst dabei gewesen. Das war in der Antike ein durchaus gebräuchlicher Stil, um den eigenen Aussagen Gewicht und Autorität zu verleihen.

Betont wird die Gottessohnschaft Jesu. Das ist ja ein ausführliches Thema in den Evangelien. Zuerst begegnet es uns bei der Taufe Jesu. Auch da ist die himmlische Stimme zu hören: *„Dies ist mein geliebter Sohn, an dem ich Freude habe. Ihn habe ich erwählt!“* (Matthäus 3,17)

Und das Gleiche geschieht ein zweites Mal bei der Verklärung. Neben Jesus erscheinen den Freunden Mose und Elia. Damit wird Jesus in die Reihe der großen Propheten und für Israel wichtigen Gotteszeugen gestellt. Und wieder die himmlische Stimme, die das besondere Gottesverhältnis Jesu bezeugt: *„Das ist mein geliebter Sohn, an dem ich meine Freude habe. Ihm sollt ihr gehorchen.“* (Matthäus 17,5b)

Für die Freunde Jesu und für alle, die ihnen im Glauben an Jesus folgen, soll es in Zukunft in dieser Sache keine Unklarheiten mehr geben: Gott, der Schöpfer von Himmel und Erde und die Quelle allen Lebens und dieser Jesus gehören untrennbar zusammen wie Vater und Sohn.

Jesus hatte diese Sohnschaft auch für sich in Anspruch genommen, denn seine Rede von Gott war die von dem Vater. Gerade das war das Revolutionäre in seiner Rede von Gott. Gott ist nicht der unnahbare, der über alles streng waltende Richter, der alle Menschen ob ihrer Sünden strafen wird, sondern der bedingungslos liebende Vater. Das war ein völlig neues Gottesverständnis, welches die Priester ihrer Macht beraubte. Deshalb hassten sie diesen Wanderprediger.

Und noch etwas: Für Jesus war es kein besonderes Vorrecht, Kind, Sohn Gottes zu sein. Nach seinen Vorstellungen sollten alle Menschen in diese Gottesbeziehung hineinfinden, dass sie sich als Töchter und Söhne des einen Schöpfergottes sehen lernen und auch als solche einander begegnen.

Denn zu den Menschen sprach Jesus von Gott immer als von *„eurem Vater im Himmel"* und seine Freunde lehrte er zu beten: *„Unser Vater im Himmel..".* Und die, die bemüht sind, den Willen des Vaters zu tun, die heißt er Gottes Kinder; Söhne und Töchter. Jesus schafft weiten Raum für die Barmherzigkeit Gottes unter uns Menschen, damit es menschlich zugehen möge auf dieser Erde.

Unser Reden vom Glauben muss authentisch sein, so wie Jesu Reden von Gott als dem Vater im Himmel authentisch war. Authentisch war die Begeisterung der Freunde Jesu nach der Ostererfahrung, dass der am Kreuz Hingerichtete ihnen als lebendig erschienen ist. Ob christlicher Glaube wachsen und sich ausbreiten kann, hängt doch zuerst wohl davon ab, ob wir fähig sind, von dem zu reden, was uns von Gott her widerfahren ist.

Glaubwürdig werden wir, wenn wir anfangen davon zu erzählen, wo wir die Nähe und Gegenwart Gottes wahrgenommen und in besonderer Weise gespürt haben in Begegnungen mit anderen Menschen. Manche werden's als schöne Märchen abtun. Für andere wird es zum Segen und zur Glaubensgewissheit werden.

Ich wünsche, dass wir an dieser Stelle mutiger werden und dazu stehen, dass wir Söhne und Töchter des Vaters im Himmel sind, an denen ER seine Freude hat. Ich wünsche Ihnen, dass Sie beim Nachsprechen des *„Unser Vater im Himmel"* von einem tiefen inneren Gefühl erfüllt werden, dass Sie da zu einem Gegenüber sprechen, bei dem Sie geborgen sind und welches Sie mit freundlichen Augen und wohlwollendem Herzen anschaut. Das wäre ganz im Sinne des Wanderpredigers Jesus von Nazareth. Amen.

Frauen sind auch Menschen

Predigt am Sonntag Sexagesimä über Apostelgeschichte 16,8-15

Liebe Gemeinde!
Als am 15. Februar 1564 in Pisa ein Junge geboren wurde, der auf den Namen Galileo hören sollte, ahnte niemand, dass dieses Kind einmal das bis dahin bekannte Weltbild erschüttern würde. Für seine Entdeckung, dass nicht die Erde das Zentrum unseres Planetensystems bildet, sondern die Sonne, drohte ihm der Scheiterhaufen. Nur der Gunst des wissenschaftlich interessierten Papstes Urban hatte es Galileo Galilei zu danken, dass die Todesstrafe in einen Hausarrest gewandelt wurde. Seine Lehre zu verbreiten jedoch, wurde ihm und der ganzen Welt verboten.

Erst 1992, nach über 350 Jahren, sah sich die katholische Kirche genötigt, diesen genialen Wissenschaftler und feinsinnigen Humanisten zu rehabilitieren. Papst Johannes Paul II. erklärte in seiner am 31. Oktober 1992 gehaltenen Wiedergutmachungsrede: *„Merkwürdigerweise zeigte sich Galilei als aufrichtig Glaubender weitsichtiger als seine theologischen Gegner."*

Im selben Jahr 1992 konnte die moderne Wissenschaft der Astronautik auf 31 Jahre bemannte Raumfahrt zurückblicken. Was für Galilei vielleicht mehr nur eine Ahnung war, nämlich dass der Kosmos schier grenzenlos ist und alle menschliche Vorstellungskraft übersteigt, hatte sich durch die technischen Möglichkeiten in der Erforschung des Universums zur Allgemeinbildung heranentwickelt.

Russel Scheikhart, einer der Pioniere der bemannten Raumfahrt, beschreibt den durch die Astronautik ermöglichten Blickwechsel auf die Erde so: *„Wenn du die Erde von außerhalb siehst, dann bemerkst du, dass all das, was für sie wichtig ist: die gesamte Geschichte, die Kunst, Geburt, Tod, Liebe, Freude, Tränen ... all das in diesem kleinen weißen und blauen Punkt enthalten ist, den du mit deinem Daumen verdecken kannst. Und von dieser Perspektive aus versteht man, dass sich alles verändert hat, dass etwas Neues angefangen hat, dass das Verhältnis nicht mehr so ist, wie es früher war ..."* (Boff, S. 58)

Die Erde ist immer noch unsere Erde und der für uns einzig bekannte Lebensraum im unendlichen Kosmos. Aber die Erde ist nicht mehr der

Mittelpunkt des Universums, um den sich alles zu drehen hat. Der Blick von Außen hatte das überhöhte Selbstbild der Kirchen entzaubert.

Vom Raumschiff oder vom Mond aus betrachtet, *„erscheint die Erde tatsächlich als einer der zahlreichen Himmelskörper innerhalb des unermesslichen Kosmos. Sie ist der dritte Planet der Sonne, und zwar einer Sonne, die ein Stern mittlerer Größe unter anderen 200 Milliarden Sonnen unserer Galaxie ist. Und diese Galaxie wiederum ist eine unter hundert Milliarden Galaxien, die wiederum in Galaxienhaufen gruppiert sind ... Unser Sonnensystem ist 28.000 Lichtjahre vom Zentrum unserer Galaxie, der Milchstraße, entfernt und befindet sich auf der Innenseite des Orion-Spiralnebels."*

(Boff, S. 58f)

Keine Bange, wir machen hier keinen Astronomieunterricht. Aber ich habe weit ausgeholt, um Sie gedanklich auf den Predigttext zu führen, den wir heute bedenken wollen. Der Apostel Paulus wird gerufen, Neuland zu betreten und sich von bisher fest stehenden Traditionen zu lösen. Das hatte er weder geplant noch im Blick. Wir hören einen kurzen Abschnitt aus der Apostelgeschichte, Kapitel 16:

„So zogen sie an Mysien vorbei und erreichten die Hafenstadt Troas. Dort sprach Gott nachts in einer Vision zu Paulus. Der Apostel sah einen Mann aus Mazedonien, der ihn bat: »Komm nach Mazedonien herüber und hilf uns!" Da war uns klar, dass Gott uns gerufen hatte, in Mazedonien die rettende Botschaft zu verkünden. Wir suchten sofort nach einer Gelegenheit zur Überfahrt. Wir gingen in Troas an Bord eines Schiffes und segelten auf dem kürzesten Weg zur Insel Samothrake, am nächsten Tag weiter nach Neapolis, und von dort gingen wir nach Philippi, der bedeutendsten römischen Garnisonsstadt in diesem Teil Mazedoniens. Hier blieben wir einige Tage. Am Sabbat verließen wir die Stadt und kamen an das Flussufer, wo sich - wie wir annahmen - eine kleine jüdische Gemeinde zum Gebet versammelte. Wir setzten uns und sprachen mit den Frauen, die sich dort eingefunden hatten. Zu ihnen gehörte Lydia, die zum jüdischen Glauben übergetreten war. Sie stammte aus Thyatira und handelte mit Purpurstoffen. Der Herr selbst ließ sie erkennen, dass Paulus die Wahrheit verkündete. Mit allen, die in ihrem Haus lebten, ließ sie sich taufen.

Danach forderte sie uns auf: »Wenn ihr davon überzeugt seid, dass ich an den Herrn glaube, dann kommt und wohnt in meinem Haus.« Sie gab nicht eher Ruhe, bis wir einwilligten.“ (Apostelgeschichte 16,8-15)

Wie Jesus selbst hatten auch die Apostel lernen müssen, dass die Barmherzigkeit Gottes nicht dem jüdischen Volk allein vorbehalten ist, sondern allen Menschen in allen Völkern gilt. Diese Erkenntnis hatte sie ermutigt, über die Grenzen Israels und Syriens hinauszugehen nach Kleinasien.

Nicht immer und überall wurden die Verkünder des Evangeliums von Jesus Christus freundlich aufgenommen. Oft war es die Flucht vor Gewalt, die sie von Stadt zu Stadt getrieben hatte. Und nun erlebt der Apostel Paulus in einer nächtlichen Vision, sagen wir im Traum, die Herausforderung, das Evangelium nach Europa zu bringen: *„Der Apostel sah einen Mann aus Mazedonien, der ihn bat: »Komm herüber und hilf uns!«“* (Apostelgesch. 16,9)

Natürlich ist es ein Mann, der in diesem Bild vor Paulus steht und ihn bittet: *„Komm herüber und hilf uns!“* Anders wäre es für Paulus nicht denkbar gewesen. In dieser von Männern dominierten Welt spielten Frauen nur Nebenrollen. Männer machen Politik, führen Kriege; Frauen kriegen Kinder. Männer wie Mose, Alexander der Große, Kaiser Augustus, Karl der Große, Martin Luther, Galileo Galilei, Napoleon oder Gorbatschow schreiben Weltgeschichte. Frauen haben für das häusliche Umfeld zu sorgen. Männer halten die Fäden der großen Politik in ihren Händen und bestimmen das Schicksal von Völkern und Kontinenten.

Nur ein Mann hatte bei dem Apostel Paulus das nötige Gewicht, mit seiner Bitte gehört zu werden. Hätte da eine Frau gestanden, hätte es Paulus als Geschwätz abgetan. Diese Grundhaltung zieht sich bis heute durch alle Führungsetagen in Politik wie auch in der Wirtschafts- und Finanzwelt: Abgesehen von Ausnahmen haben Männer das Sagen.

Zumindest hatte der Apostel diesen nächtlichen Traum als Ruf Gottes verstanden und suchte nach einer günstigen Gelegenheit, nach Griechenland übersetzen zu können. Die erste Anlaufstelle hieß Philippi. Hier wohnten vor allem Männer mit ihren Familien, die aus dem Militärdienst ausgeschieden waren, also lauter Offiziere außer Dienst.

Und nun hier in Philippi, der ersten Missionsstation auf europäischem Boden, widerfährt dem Apostel und seinen Begleitern etwas, womit sie nicht gerechnet hatten. Wir lesen: *„Am Sabbat verließen wir die Stadt und kamen an das Flussufer, wo sich - wie wir annahmen - eine kleine jüdische Gemeinde zum Gebet versammelte. Wir setzten uns und sprachen mit den Frauen, die sich dort eingefunden hatten."* (Apostelgeschichte 16,13)

Paulus suchte zuerst immer, ganz gleich in welcher Stadt, das Gespräch mit seinen jüdischen Glaubensgeschwistern. In allen großen Städten des römischen Imperiums gab es jüdische Gemeinden; Handwerker und Kaufleute, die sich dort nieder gelassen hatten.

Was aber hier in diesem Vers wie eine Randnotiz erscheint, lässt erkennen, dass die jüdische Gemeinde in Philippi sehr klein und arm gewesen sein muss. Die wenigen Menschen haben kein Haus, um ihren Gottesdienst feiern zu können. Sie versammeln sich am Fluss. Es wird improvisiert. Und die nächste Überraschung: Der Apostel findet hier nur Frauen, die sich zum Gebet versammelt hatten. Also der Weltgebetstag der Frauen hat eine viel ältere Tradition!

Ja, das muss für den Apostel und seine Begleiter eine echte Überraschung gewesen sein. Denn eigentlich geht das gar nicht. Nach jüdischer Tradition und Überlieferung braucht es 10 Männer, um einen Gottedienst feiern zu können. Frauen gehören auf die Empore bzw. in die ihnen zugewiesene Abteilung der Synagoge. Männer lesen vor aus den heiligen Schriften. Männer legen die Schrift aus und Männer stimmen die liturgischen Gesänge an.

Auch der Gottesglaube ist männlich und von Männern dominiert bis in die Sprache hinein. Unsere Gottesbilder sind männlich geprägt. Und wir haben mit Vater, Sohn und heiligem Geist eine männliche Trinität verinnerlicht. Das prägt unser Denken, unsere Kultur bis heute. Hier am Flussufer am Rande der Garnisonstadt Philippi gerät das Weltbild des Apostels ins Wanken. Gottesdienst ist auch möglich mit einer Gemeinde, die nur aus Frauen besteht. Und Frauen sind auch Menschen, denen das Evangelium von Jesus Christus anvertraut werden kann. Für uns heute ist das kein Thema mehr. Aber damals war es ein Schockerlebnis, welches der Apostel erst verdauen musste.

Für mich erzählt diese Geschichte viel mehr als nur die überraschende Ersterfahrung mit dem Evangelium auf europäischem Boden. Gott hat Humor, wenn er den Apostel mit einem bekannten Männer-Bild übers Mittelmeer lockt, und ihn dann aber eine so ganz und gar andere Wirklichkeit wahrnehmen zu lassen. Und es brauchte einige Überredungskunst der charmanten Frau namens Lydia, bis der Apostel sich auf diese Wirklichkeit einlassen konnte, wenn es am Schluss heißt: *„Sie gab nicht eher Ruhe, bis wir einwilligten."* (Apostelgeschichte 16,15c)

Diese kurze Notiz, dass hier nur Frauen versammelt waren - übrigens so einmalig in der ganzen Bibel -, zeigt mir, dass es schon immer die Frauen waren, die die Religion und den Glauben durchgetragen haben. In ihrer selbstverständlichen, oft einfachen Art haben Mütter und Großmütter ihren Kindern und Enkeln die alten Glaubensgeschichten erzählt oder vorgelesen, die Lieder gesungen und die Rituale der Segnung und Bekreuzigung praktiziert. Von gelehrten wie auch von dummen Männern oft als „Weiberkram" abgetan, war es aber genau dieser „Weiberkram", der den Glauben bis in unsere Zeit gerettet hat.

In vielen Gesprächen in unseren Gemeinden ist zu hören, wie Sie selbst durch das Vorbild Ihrer Eltern und Großeltern in den Glauben hineingewachsen sind. Und es waren die Mütter und Großmütter, die Ihnen abends Lieder vorgesungen und mit Ihnen gebetet hatten. Frauen sind in der Mehrzahl in unseren Gemeinden und Gottesdiensten. Zu Recht tragen sie nun auch Verantwortung in den Gemeindekirchenräten. Und das alles unter dem Wohlwollen der Gottheit, die den Menschen männlich **und** weiblich ins Leben gerufen hat und beiden auftrug, diese eine Erde zu bebauen und zu bewaren und dafür zu sorgen, dass alle Menschen in Frieden leben können. Allen Frauen, die in dieser Berufung so selbstverständlich ihr Menschsein leben, gebührt dafür Dank und Anerkennung. Amen.

Literatur: - Boff, Leonardo, Geerdeter Glaube

Fremde unter uns

Predigt am Sonntag Reminiszere über Hebräer 11,8-10

Liebe Gemeinde!

Der Verfasser des Hebräerbriefes aus dem Neuen Testament ist uns nicht bekannt. Die Empfänger des Briefes waren Christen, die zum Volk Israel gehörten und ursprünglich im jüdischen Glauben lebten. Durch das Zeugnis der Apostel hatten sie in Jesus den Messias erkannt und glaubten nun an Christus als ihren Herrn und Heiland.

Dieser neue Glaube und der damit verbundene Bruch mit der jüdischen Tradition brachte diese Menschen in Schwierigkeiten. Sie wurden angefeindet, verfolgt und geächtet. Für diese in Anfechtung geratenen Christen will der Hebräerbrief ein Trostbuch sein. Schaut auf Jesus, auf seinen Leidensweg, wie er ihn gegangen ist und bis zum Ende durchgehalten hatte. Der Weg des Gottvertrauens ist immer der schmale unbequeme Weg. Der Weg, der Mühe macht und Schmerzen bereitet.

Und schaut auf die, die vor euch diesen Weg gegangen sind. Durch wie viele Anfechtungen, Nöte, Zweifel und Krisen mussten sie hindurch. Und doch haben sie nicht von Gott gelassen. Sie haben zu Gott geschrieen und gefleht, um Erbarmen gebetet und manch bittere Träne geweint. Am Ende aber wurden sie getröstet und lobten Gott über die wunderbare Führung in ihrem Leben.

Die Wolke der Zeugen – so steht es über dem elften Kapitel des Hebräerbriefes. Der Verfasser listet die Väter und Mütter des Glaubens auf, wie sie den Menschen aus dem ersten Teil der Bibel bekannt waren. Für uns heute ist Abraham ausgewählt und da lesen wir:

„Auch Abraham glaubte fest an Gott und hörte auf ihn. Als Gott ihm befahl, in ein Land zu ziehen, das ihm erst viel später gehören sollte, verließ er seine Heimat. Dabei wusste er überhaupt nicht, wohin er kommen würde. Er vertraute Gott. Das gab ihm die Kraft, als Fremder in dem Land zu leben, das Gott ihm versprochen hatte. Wie Isaak und Jakob, denen Gott dieselbe Zusage gegeben hatte, wohnte er nur in Zelten. Denn Abraham wartete auf die Stadt, die wirklich auf festen Fundamenten steht und deren Gründer und Erbauer Gott selbst ist." (Hebräer 11,8-10)

Nur drei Verse sind das und doch wird eine ganze Geschichte erzählt. Nämlich die Geschichte, wie Abraham den Glauben an Gott lernte. Nicht, dass Abraham gottlos oder gar Atheist gewesen wäre. Er war ein zutiefst religiöser Mensch. In seiner alten babylonischen Heimatstadt Ur, aus der er einst mit seinem Vater ausgewandert war, hatten sie den Mondgott „Sin" verehrt.

Aber was es bedeutete, der Stimme eines unbekannten und unsichtbaren Gottes zu vertrauen, das musste Abraham erst noch lernen. Das ist der schwere Weg: Der Stimme Gottes zu vertrauen gegen alle eigenen Erfahrungen, gegen den Augenschein, gegen alle gut gemeinten Ratschläge wohlwollender Mitmenschen. Das ist wohl das Schwerste, was es für uns überhaupt zu lernen gibt.

Nach der Überlieferung war Abraham schon 75 Jahre alt, als er die Stimme hörte, die ihm auftrug, noch einmal aufzubrechen, sich auf den Weg zu machen mit unbekanntem Ziel. Nichts erfahren wir über die Art und Weise, wie Abraham diese Stimme vernommen hatte. Vielleicht war es am Anfang mehr nur eine Ahnung. Dann wurde sie immer lauter und eindringlicher, bis er sich dieser Stimme nicht mehr entziehen konnte. Und schließlich hatte sich Abraham entschieden, dieser Stimme entgegen aller Einredungen zu gehorchen. So fängt Glaube an.

Drei Dinge wurden von Abraham gefordert und drei Dinge wurden ihm dafür versprochen. Gott verlangte von Abraham:

1.) verlass deine Heimat
2.) verlass deine Sippe
3.) verlass dein Elternhaus.

Das bedeutet, dass dieser unbekannte Gott von Abraham erwartet, alles zu verlassen, was bis dahin sein Leben geprägt und bestimmt hatte. Abraham wird ein Heimatloser, ein Heimatsuchender.

Dafür aber versprach dieser Gott dem Abraham:

1.) ich mache dich zu einem großen Volk
2.) ich begleite dich mit meinem Segen
3.) ich mache deinen Namen groß.

Nichts als leere Worte, wird mancher gedacht haben, als der alte Mann seine Sachen packte und der Stimme folgend seinen Alterssitz verließ. Aber so fängt Glaube an: Menschen wagen Schritte in ihrem Leben mit Gott an der Seite. Menschen treffen Entscheidungen, über die andere nur hilflos den Kopf schütteln. Von Abraham heißt es in den Schriften: *„Er vertraute Gott, und das gab ihm die Kraft, als Fremder in dem Land zu leben, welches Gott ihm versprochen hatte."* (Hebräer 11,9)

Wer sich fremd fühlt, vermisst Heimat. Das ist zunächst eine ganz neutrale Feststellung, ein weites Feld. Immer wieder lesen oder hören wir davon, dass sich Männer wie auch Frauen in ihrem eigenen Körper fremd fühlen. Sie entdecken an sich eine Fremdheit, die es ihnen unmöglich macht, sich selber anzunehmen.

Das Thema „Fremde unter uns" beschäftigt uns zur Zeit ja sehr stark. Der Landrat war vor vier Wochen zu Gast im Mitarbeiterkonvent genau zu diesem Thema und sagte: *„Es wird Alltag werden. Wir werden uns daran gewöhnen müssen, dass Menschen aus fremden Ländern und Kulturen mitten unter uns leben. Es wird Alltag werden, dass wir auf unseren Straßen und in unseren Supermärkten Frauen begegnen, die Kopftuch oder Schleier tragen und die eine Schar Kinder im Schlepptau haben."*

Abraham, der Vater des Glaubens, ist Zeit seines Lebens ein Fremder geblieben im Land der Verheißung. Kanaan war nicht sein Land. Aber Gott war mit ihm in diesem Land und so konnte er in der Fremde einen Ort finden, der ihm ein kleines Stück Heimat bot, um in Frieden leben und sterben zu können.

Fast 2000 Jahre später wuchs der Knabe Jesus im Land der Verheißung auf. Dieses Land war inzwischen Erbbesitz der Israeliten geworden. Und dieser Jesus fühlte sich berufen, seinen Landsleuten im Namen Gottes zu dienen. Doch die Menschen störte seine Rede von Gott als den liebenden und barmherzigen Vater. Sie wiesen ihn von sich, stießen ihn aus der Volksgemeinschaft aus, ließen ihn umbringen. Jesus war im eigenen Volk zum Fremdling geworden.

Das haben Menschen, die dem Ruf Gottes gefolgt sind, zu allen Zeiten erfahren und erlitten, dass sie von ihresgleichen gemieden und ausgegrenzt wurden. Fremde im eigenen Land.

Zu uns kommen Menschen, deren Heimat zerstört ist und in Trümmern liegt. Sie wurden Fremde im eigenen Land, weil ihnen das Recht auf Heimat verweigert wird. Nun kommen diese Menschen auf der Suche nach Wohnung und Heimat nach Europa, nach Deutschland in unsere Städte und Dörfer. Wollen wir ihnen dieses verwehren? Ist es nicht vielmehr unsere Aufgabe als Christen, diesen Menschen mit Worten und Gesten zu zeigen, dass sie bei uns herzlich willkommen sind?

„Es wird Alltag werden, dass Fremde unter uns leben" - hatte der Landrat mehrfach betont. Und er hatte darum geworben, dass wir als evangelische wie katholische Kirchengemeinden unseren Beitrag dazu leisten, dass diese fremden Menschen hier in einen Alltag hineinfinden, der es ihnen ermöglicht, eigenverantwortlich für sich und ihre Familien zu sorgen.

Dazu braucht es keine außergewöhnlichen Anstrengungen unsererseits. Sondern nur, dass wir diese Fremden als Menschen auf- und annehmen, ihnen menschenfreundlich begegnen und ihnen Hilfe zuteil werden lassen, wo sie denn von uns gefordert ist. Nicht mehr, aber auch nicht weniger.

„Der Herr behütet die Fremdlinge ..." - hatten wir im Psalm zu Beginn des Gottesdienstes gelesen. Das wollen wir doch auch für uns hoffen, wenn wir in fremden Ländern als Fremdlinge unterwegs sind. Gott ist immer auf der Seite der Schwachen, der Hilflosen, der Armen und Geängstigten - ganz gleich in welchem Land und in welcher Gesellschaft. Wenn wir Glauben an die Güte Gottes zu allen Menschen haben, brauchen wir uns wegen der Fremden im eigenen Land nicht zu fürchten. Gott will uns wie ihnen helfen, dass Leben gelingen kann auch in Verschiedenheit und Vielfalt. Und: Er will uns dabei haben, dieses bunte Leben zu gestalten. Amen.

Erst kommt das Fressen, dann die Moral

Predigt am Sonntag Judika über Johannes 6,47-51

Liebe Gemeinde!
„Mit leerem Bauch kann man nicht studieren" - ist Grundsatz vieler Bildungsinitiativen in den Entwicklungsländern. Deshalb ist der Aufbau von Schulen immer mit einer Schulspeisung verbunden. In den meisten Großstädten sind inzwischen spezielle „Schülertafeln" eingerichtet. Die soziale Verwahrlosung von Familien in unserem Land führt dazu, dass immer mehr Kinder ungewaschen und ohne Frühstück zur Schule kommen und auch kein Pausenbrot dabei haben.

Brot zu haben ist mehr als nur dass, was wir uns in den Mund hineinstopfen. Wir sprechen vom „täglichen Brot", vom „sauer verdienten Brot"; vom „harten Kanten oder Brocken", der uns zu „kauen" gegeben ist, und wissen dabei, dass es hier immer um das Leben als Ganzes geht. Die Mahlzeiten sind nur ein Teil dessen, was unser Leben ausmacht. Und dahinter verbergen sich doch dann ganz existentielle Fragen wie:

- Wird das Geld reichen?
- Kann ich die nächste Stromrechnung oder Miete noch bezahlen?
- Behalte ich meine Arbeit?
- Reicht mein Einkommen für die Familie, für den Urlaub, für die Instandhaltung des Grundstückes?

Genügend Brot zu haben ist zentrales Thema unseres Lebens und unserer Sorge ums Leben. In diesem Sinne hatte Berthold Brecht Wahres gesagt mit seinem Spruch: *„Erst kommt das Fressen, dann die Moral!"*

In der Bibel finden wir eine ganze Reihe von Brotgeschichten. Die Bibel erzählt aus dem wahren Leben und ist für das tägliche Leben geschrieben und gedacht. Dazu gehören auch die Grundbedürfnisse des Lebens. Der Text, den wir heute auf der Höhe der Fastenzeit bedenken, ist ein kurzer Abschnitt aus der so genannten „Brotrede" Jesu im Johannesevangelium:

„Ich sage euch die Wahrheit: Wer an mich glaubt, der hat jetzt schon das ewige Leben! Ich selbst bin das Brot, das euch dieses Leben gibt! Eure Vorfahren haben in der Wüste das Manna, das Brot vom Himmel, gegessen und sind doch alle gestorben. Aber hier ist das wahre Brot, das vom Himmel

kommt. Wer davon isst, wird nicht sterben. Ich bin dieses Brot, das von Gott gekommen ist und euch das Leben gibt. Jeder, der dieses Brot isst, wird ewig leben. Dieses Brot ist mein Leib, den ich hingeben werde, damit die Welt leben kann.«" (Johannes 6,47-51)

Wieder sind es nur wenige Sätze aus einem langen Gespräch zwischen Jesus und Menschen seines Volkes. Aber diese Sätze sind die Mitte, sind Kernaussagen: Brot des Lebens – wo finden wir das? Brot zum Leben – wer gibt uns das?

Natürlich ist dieses Gespräch nachträgliche Deutung des Evangelisten. Niemand hatte zu Lebzeiten Jesu aufgeschrieben, worüber er sich mit den Menschen unterhalten hatte. Die Evangelien erzählen späteren Generationen von diesem Jesus mit ganz spezieller Absicht. Johannes selbst benennt die Zielrichtung seines Evangeliums so: *„Die hier aufgezeichneten Geschichten wurden geschrieben, damit ihr glaubt, dass Jesus der versprochene Retter und der Sohn Gottes ist."* (Johannes 20,31)

Das müssen wir uns immer wieder vergegenwärtigen, wenn wir die Jesusgeschichten in der Bibel lesen: Es sind keine Tatsachenberichte, die geschehene Fakten übermitteln. Es sind vielmehr Geschichten, die von Gott und uns Menschen erzählen und von dem schwierigen Verhältnis zwischen uns und Gott. Geschichten, die vor allem davon erzählen, dass dieser Jesus von Nazareth in einer höchst anstößigen Weise von der Nähe Gottes zu uns Menschen gesprochen hatte und dass dieser Jesus diese Nähe Gottes für sich in Anspruch nahm und in großer Freiheit auslebte.

Das konnte in jener Zeit nicht gut gehen. Das führte zwangsläufig zum Konflikt. Darin stimmen die Evangelien bei allen Unterschieden überein. Denn hätte der irdische Jesus tatsächlich so gesprochen, wäre er auf der Stelle gesteinigt worden. Niemand durfte es wagen, sich in dieser Weise Gott gleich zu machen, wie es Jesus hier in den Mund gelegt wird:

„Ich bin das Brot, das von Gott gekommen ist..."

Meint doch: ich komme von Gott, ich bin Gott...

Das Johannesevangelium, etwas 70 Jahre nach dem Tod Jesu geschrieben für Menschen in Kleinasien, konnte das aber tun, weil diese Menschen nicht an das jüdische Gesetz gebunden waren. Sie sollten vielmehr glauben und erkennen, dass dieser Jesus auch für sie von Gott zum Heil in die Welt gesandt worden war.

Dieser Brotrede geht eine Broterfahrung, ein Speisungswunder voraus. Eine unüberschaubare Menge von Menschen - im Evangelium ist von 5.000 Männern die Rede; Frauen und Kinder gar nicht mitgezählt - werden angeblich mit fünf Gerstenbroten und zwei Fischen gespeist und am Ende bleibt noch reichlich über. Das ist der Anbruch der Gottesherrschaft: In Jesu Nähe wird die Fülle des Gottesreiches erfahrbar. Der Lebenshunger wird gestillt, die Seele befriedet. Menschen erleben: Teilen macht nicht ärmer, sondern reicher. Gottes Gaben reichen für alle.

Und doch ist diese Erfahrung nur eine Momentaufnahme, ein Schnappschuss, der schon in den nächsten Stunden vergessen ist und keine Langzeitwirkung zeigt. Die Menge will Jesus zu ihrem Brotkönig machen, weil sie hofft, dann für alle Zeiten die Sorgen ums tägliche Brot los zu sein. Dem entzieht sich Jesus. Und in eine spätere Begegnung gehört nun die besagte Brotrede.

Johannes verweist in dieser Geschichte auf eine frühere Erfahrung des Volkes Israel, wo Gott schon einmal Menschen über lange Zeit mit Brot vom Himmel versorgt hatte: *„Eure Vorfahren haben in der Wüste das Manna, das Brot vom Himmel, gegessen und sind doch alle gestorben.“* (Johannes 6,49)

Was da in den alten Geschichtsbüchern Israels erzählt wird vom Weg durch die Wüste zwischen Ägypten und dem verheißenen Land der Hoffnung ist ja eine Geschichte von Glauben und Unglauben, von Vertrauen und Widerstand Gott gegenüber. Auf diesem Zug durch die Wüste als dem lebensfeindlichen Ort empfangen Menschen tägliche Speise von Gott, so dass sie nicht verhungern müssen. Das war Brot zum Leben! Und das vierzig Jahre lang!

Dass die Menschen dennoch gestorben sind, lag nicht an dem Brot, dass sie aßen. Sie sind in der Wüste gestorben, weil Gott das so bestimmt hatte aufgrund ihres Ungehorsams ihm gegenüber: Keiner von denen, die als Erwachsene Ägypten verlassen hatten, sollte das Land der Verheißung zu sehen bekommen, heißt es im vierten Buch Mose.

Das Interesse des Johannes ist ganz und gar darauf ausgerichtet, Jesus als den Christus, als den Messias Gottes darzustellen. Und das tut er in der Überhöhung des irdischen Jesus, indem er ihn sagen lässt: *„Aber hier ist das wahre Brot, das vom Himmel kommt. Wer davon isst, wird nicht sterben.“* (Johannes 6,50)

Das ist ein Bildwort, eine Metapher, und muss auch als solche betrachtet werden. Jesus ist gestorben. Alle Apostel sind gestorben und auch alle, die diesen Worten geglaubt haben. Und auch wir werden sterben im Glauben an Gott, der in diesem Jesus ein menschliches Angesicht bekam. Es gibt kein Brot, welches uns vorm Tode bewahren könnte.

Und dennoch will und kann der Glaube an Jesus unserem Leben eine Speise sein, die uns ins Leben führt gerade durch das Sterben hindurch. Denn wenn wir sterben, sterben wir in Gott hinein, der ja Quelle und Grund allen Lebens ist. Das ist die ganz und gar andere für uns nicht fassbare und nicht verfügbare, auch nicht vorstellbare Dimension von Leben, die in der Bibel als unser ewiges Leben bezeichnet wird. Das ist keine wie auch immer gedachte Lebensverlängerung, kein Weiterleben in einer anderen Wirklichkeit. Nein, das Hineinsterben in Gott bedeutet Neuschöpfung jenseits von Raum und Zeit.

Wenn wir im Abendmahl das Brot reichen, dann essen wir nicht den Leib Jesu. Wir trinken auch nicht sein Blut im Wein. Aber wir erinnern mit Brot und Wein an Gott, der uns mit seinen Lebensgaben so reich beschenkt. Dafür war dieser Jesus eingestanden. Er hatte verkündet, dass alle Menschen teilhaben sollen an diesen Lebensgaben, damit Leben gelingen kann in dieser Welt. In diesem Sinne ist er Brot des Lebens geworden, von dem wir nicht lassen sollen. Amen.

Die Krise des Gottesglaubens

Predigt am Karfreitag

Liebe Gemeinde!
Europa scheint von einer Krise in die andere zu schlittern. In den 90-ziger Jahren waren es die gesellschaftlichen Umbrüche mit den Kriegen in den Balkanländern. Dann die Wirtschaftskrise. Der folgte die Finanzkrise mit neuen zum Teil verheerenden Folgen für die Industrie. Immer wieder hören wir von Krisenländern in der EU. Abertausende Familien werden durch wachsende Arbeitslosigkeit in eine soziale Krise gestürzt. Und aktuell fürchten wir die Krise eines Bürgerkrieges in der Ukraine mit ungewissem Ausgang für Europa und die Welt.

„Krisen entstehen nicht zufällig" – schreibt der ehemalige katholische Ordensbruder und Professor Leonardo Boff aus Brasilien. *„Krisen sind wie eine Krankheit. Sie entwickeln sich nach und nach ..."* (Boff, S.77) - lange im Verborgenen. Erst der Ausbruch der Krankheit, das Offenbarwerden des Konfliktes stürzen Menschen und ganze Völker in die Krise. Und immer geht es auf Leben und Tod, werden die Grenzen des Möglichen und Vorstellbaren erreicht.

Karfreitag ist die Krise des Gottesglaubens. Alles, was Menschen bis dahin an Gotteserfahrungen verinnerlicht hatten, wurde mit Karfreitag zunichte gemacht. Alles, was Menschen meinten, von und über Gott zu wissen, wurde mit dem Geschehen von Golgatha durchkreuzt. Alle Hoffnungen waren erstorben in den Worten der Emmausjünger: *„Wir aber dachten, er würde Israel erlösen."* (Lukas 24,21) In der Todesstunde hatten sie ihn alle verlassen aus Furcht ums eigene Leben.

Wir können sagen, die Krise gehört zum Leben. In allen Lebensprozessen ist sie präsent. Schon das Geborenwerden ist eine Krise für Mutter und Kind. Das Kind wird förmlich aus dem bergenden und schützenden Mutterschoß hinausgetrieben. Anders aber kann es nicht ins Leben kommen. *„Schließlich stellt der Tod die größte der menschlichen Krisen dar. Alle Möglichkeiten der biologischen, sozialen und psychischen Selbstverfügung erlöschen. Es kommt zu einer Scheidung zwischen Leben und Tod."*

(Boff S. 83)

Die Todeskrise ist der dramatische Übergang zu neuem Leben in der Gegenwart Gottes. Aber ohne diese Todeskrise ist dieses so ganz und gar andere Leben nicht zu haben. Karfreitag ist die Krise des Gottesglaubens. Das musste auch der Mensch Jesus von Nazareth durchleiden. Die Ereignisse um das jüdische Pessachfest zwischen *„Hosianna!"* und *„Kreuzige ihn!"* stürzten ihn in die tiefe Krise der Verzweiflung, der Ohnmacht und des Todes. Der verzweifelte Schrei vom Kreuz herab: *„Mein Gott, mein Gott, warum hast du mich verlassen?"* (Markus 15,34) ist Ausdruck letzter Hilflosigkeit und tiefer Erschütterung im Gottvertrauen.

Wie hatte doch dieser Jesus die Menschen seines Volkes begeistert mit seiner Rede vom Anbruch der Gottesherrschaft. Und die Zeichen, mit denen er seine Worte bekräftigte, schienen ihm Recht zu geben. Und auf einmal aber stürzt das alles zusammen wie ein Kartenhaus. Da ist niemand, der eingreift und hilft; niemand, der vor der Hinrichtung bewahren kann. Gott schweigt zu all dem Unrecht, das da geschieht. Der Gottessohn stürzt in die tiefste Krise.

Dreißig mal verwendet der Evangelist Johannes das Wort „krisis" in seinem Evangelium. Im Griechischen bedeutet dieses Wort: Bruch und Entscheidung. Jesus wird als die „Krise für die Welt" vorgestellt. An ihm scheiden sich die Geister, kommt es zum Bruch mit Traditionen und Denkmustern. Die Menschen sind herausgefordert, sich für oder gegen Jesus zu entscheiden. Jeder und jede muss da seine / ihre eigene Krise durchleben.

Im Chinesischen gibt es zwei Schriftzeichen für den Begriff der Krise: Einmal wird die Krise als Gefahr und das andere Mal als Chance dargestellt. Und *„tatsächlich bringt jede Art von Krise diese beiden Möglichkeiten aus sich hervor. Die Krise kann eine Gefahr darstellen, die zu einem schlechten Ende, ja sogar zum Tode führen kann. Doch gleichzeitig ist sie eine Chance, sich von der drückenden Last überholter Dinge zu befreien, die zu nichts mehr taugen - eine Chance, das Neue zu etablieren und sich weiter zu entwickeln."* (Boff S. 80)

Alle gesellschaftlichen und strukturellen Veränderungen sind aus solchen Krisen hervorgegangen. Unsere Kirche, wir Gemeinden in unseren Dörfern landauf und landab stecken in der Krise. Die alten volkskirchlichen Strukturen, die das parochiale System der Kirche gestützt und getragen hatten, funktionieren nicht mehr. Die Lücken sind zu groß geworden. Noch aber hält die Kirche an der alten Struktur fest und fürchtet sich vor Veränderung und Erneuerung. Das Dilemma ist, dass niemand mit Bestimmtheit sagen kann, wohin sich diese Kirche erneuern und verändern soll.

So bleiben wir Kirche im Übergang bis der Zusammenbruch kommt. Und erst dann wird sich - o Wunder - aus dem Chaos heraus eine neue Gestalt von Kirche entwickeln. Für uns heute aber bleibt nur die Krise, das Leiden an der Kirche, welches ja zugleich auch unseren Gottesglauben infrage stellt. Wo bleibt das wirkkräftige Reden von Gott, dem Zeichen und Wunder folgen, damit Menschen zum Glauben an den Schöpfergott und an seinen Christus finden? Unsere Lebenswirklichkeit, die Alltagserfahrungen sprechen doch da eine ganz andere Sprache.

Karfreitag ist die Krise des Gottesglaubens. Dieser Jesus, der in totaler Hingabe an Gott und Menschen gelebt hatte, erleidet von Freunden verraten und allein gelassen dazu auch noch die Gottverlassenheit. *„Das ist die Erfahrung der Hölle, denn Hölle bedeutet Abwesenheit Gottes. Es ist die schrecklichste Krise, die wir uns vorstellen können: die Krise der Hoffnung.“* (Boff S. 84). Da gibt es nichts mehr, woran man sich halten und aufrichten kann. Gott stirbt. Das ist die Wirklichkeit jenes Geschehens draußen vor den Toren von Jerusalem.

Weil aber eine solche Situation nicht auszuhalten ist, und weil wir ja die Geschichte schon immer nur von Ostern her betrachten, haben die Evangelienschreiber dem sterbenden Jesus ein letztes Wort der Hoffnung in den Mund gelegt: *„Vater, in deine Hände lege ich meinen Geist.“* (Lukas 23,46) Hier wird schon *„die Überwindung der Krise“* angedeutet, *„die in der Auferstehung, im Erscheinen des neuen Menschen, offenbar wird.“* (Boff S. 84)

Die Chance des Neuen schon in der Krise zu erkennen, wäre vielleicht auch für uns der erste Schritt aus der Krise heraus in eine hoffnungsvolle Zukunft unsrer Kirche und der Gemeinden. Das Erstaunliche dabei ist: Gott traut uns das zu. Aber er geht auch mit uns durch diese Krise und lässt uns nicht ohne Hoffnung. Amen.

Literatur: - Boff, Leonardo, Geerdeter Glaube

Wladimir Rudolf, Munster: Auferstehungskreuz
Foto: Mit freundlicher Genehmigung des Künstlers

Ostern - eine schräge Angelegenheit

Predigt zu Ostern

Liebe Gemeinde!

Das ist wirklich eine schräge Angelegenheit - die Geschichte um Ostern. Nichts ist da selbstverständlich. Nichts war geplant noch erwartet. Nicht im Geringsten waren die Freunde und Freundinnen des hingerichteten Jesus darauf vorbereitet, was ihnen an jenem Morgen wenige Tage nach der Katastrophe widerfuhr. Noch steckten sie tief in der Krise und begriffen nicht, wie das alles geschehen konnte. Gefangen in Angst und Trauer wussten sie keinen Rat. Die Freude war aus ihrem Leben gewichen, alle Hoffnungen auf ein besseres Leben in Frieden und Geborgenheit erstorben.

Karfreitag ist ein totales Geschehen, kein Randereignis. Die physischen und psychischen Erschütterungen ergreifen Menschen in ihrer Gesamtheit. Da bleibt nichts mehr so, wie es vorher war. Das sind Erfahrungen, die

Menschen bis heute machen in den Umbrüchen und Zusammenbrüchen des Lebens und von Beziehungen.

Und dann werden diese Menschen, die sich eingeigelt hatten, die in ihrer Trauer um den Freund hinter verschlossenen Türen hockten, von der Gegenwart Gottes überrascht und aufgeschreckt. Das Leben selber bricht in ihnen auf, die Trauer wandelt sich in Freude, weil sich die Gewissheit Bahn bricht, dass der Hingerichtete in Gott lebt. Und wie in einer prophetischen Vision schauen sie den Meister und hören den Friedensgruß: *„Schalom euch!"* (Johannes 20,21) Das ist schon eine schräge Angelegenheit, denn sie widerspricht jeder menschlichen Logik und ist auch nicht erklärbar.

Vor wenigen Tagen bekamen wir Post von einer Kommunität aus Norddeutschland mit einem ähnlichen Bild, das Sie jetzt in Händen halten. Ich habe den Künstler angerufen und gebeten, mir doch bitte dieses Bild zu schicken und zu erlauben, dass ich es in den Ostergottesdiensten verwenden darf. Wladimir Rudolf, geboren 1959 in der ehemaligen Sowjetunion, ist verheiratet und lebt seit 1993 mit seiner Frau und zwei Kindern in Munster in der Lüneburger Heide. Dieses so genannte Auferstehungskreuz hatte er für die städtische Friedhofskapelle in Munster geschaffen. Schon die Bezeichnung als „Auferstehungskreuz" scheint ein Widerspruch zu sein, denn da werden zwei Ereignisse in einem Atemzug genannt, die gegensätzlicher nicht sein können.

Und doch bilden Karfreitag und Ostern eine unauflösliche Einheit und bedingen einander. Das eine ist ohne das andere nicht zu denken. Das ist wirklich eine schräge Angelegenheit, wie der Künstler den Korpus ans Kreuz gebracht hat. Und das in einer Trauerhalle, in der die Menschen doch nur den Tod vor Augen haben.

Eine junge Frau, die in Munster ihr Vikariat absolvierte und also auch in dieser Friedhofskapelle zu tun hatte, schreibt über ihre Erfahrungen mit diesem Kreuz:

„Der Tod fesselt die Blicke und nichts ist mehr so wie vorher. Im Zentrum steht ein Sarg oder eine Urne, ein Schlussstrich eben. Doch seit dieses Kreuz da hängt, habe ich gesehen, wie sich immer wieder Blicke lösen und vom Sarg zum Altar wandern und dann nach oben gezogen werden bis zum Gekreuzigten. Eine schräge Angelegenheit ist das. So hängt er dort.

Auferstehung verdreht dem Betrachter den Blick. Nichts ist mehr so wie vorher. Der gefesselte Blick folgt dem Blick Christi zum Himmel. Viele halten mit ihrem Blick oben angekommen den Kopf schräg." (Geistliche Nachrichten)

Wie tief muss der Künstler sich in das Geschehen von Karfreitag und Ostern hineingedacht haben, um zu der Vision zu gelangen, das Kreuz so darzustellen. Der Hingerichtete, man sieht die Nagelwunden sehr deutlich, löst sich vom Kreuz. Es ist, als ob er schwebt; ja, schwerelos scheint er zu sein. Den Blick ganz nach oben gerichtet. Der Kopf ist verdreht. Die Schmerzen des Todes sind schon überwunden. Der ganze Körper ist auf Gott hin ausgerichtet.

Das Kreuz ist noch da als Zeichen des Todes. Aber es kann diesen da nicht mehr an sich binden. Eine andere, größere und stärkere Kraft zieht den Körper weg vom Kreuz. Interessant ist für mich, dass dieses Kreuz hier auf unserem Bild nicht in der Friedhofskapelle hängt, sondern draußen vor einer Kirche steht. Es muss also mindestens zwei identische Kreuze dieser Art geben. Aber draußen vor der Kirche ist doch ein guter Ort um zu zeigen, dass unser Gottesglaube nicht in der Katastrophe von Karfreitag versinkt und in Trübsal stecken bleibt. Durch das Sterben hindurch entsteht Neues. Das ist Osterbotschaft.

Es war mir schon immer befremdlich, dass wir den ans Kreuz genagelten Jesus in unseren Kirchen und Gottesdiensträumen uns zum Zeichen aufgestellt haben. Jesus ist doch nicht am Kreuz geblieben. Er wurde abgenommen und begraben. Das Kreuz als Zeichen der Hinrichtung war leer. Wir glauben nicht den zu Tode geschundenen Jesus, sondern den des Lebens, der Erneuerung; den, der aus göttlicher Kraft als der Gegenwärtige hier mitten unter uns ist.

Das ist schon eine schräge Angelegenheit mit Ostern, weil wir es so schwer in unseren Kopf reinkriegen. Und wir möchten es immer trennen das Schwere vom Frohen, den Tod vom Leben, die Trauer von der Freude. Aber das Erste ist wie die Hintergrundfolie des Zweiten.

Leonardo Boff, ehemaliger Priester aus Brasilien umschreibt es so:
„Es gibt Momente im Leben, in denen es unvermeidlich ist, abzusteigen und eine Krise durchzumachen, um wieder aufzusteigen. Und um du selbst zu bleiben, musst du dich verändern...Wir müssen nur begreifen, dass die Krise

der fruchtbare Nährboden ist, auf dem das bessere Morgen vorbereitet wird... Dann haben wir die Chance, zu reifen und einen Sprung in Richtung eines neuen, reichhaltigeren Horizont des Lebens für Menschen und Erde zu machen.“ (Boff S. 91)

In diesem Sinne dürfen wir hoffen für uns, unsere Gemeinden und unsere Kirche, weil in jedem Zerbruch die Chance eines neuen Anfangs steckt. Das will uns Ostern lehren und auf einen Weg in eine neue Zukunft mitnehmen. Amen.

Literatur:

- Geistliche Nachrichten
- Boff, Leonardo, Geerdeter Glaube

Kirche Löbnitz, Ausschnitt aus der Bilderdecke „Von Ostern bis Pfingsten“

Eine neue Lebensmelodie

Predigt am Sonntag Kantate über Jesaja 12,1-6

Liebe Gemeinde!

Die Sonntage in der Mitte zwischen Ostern und Pfingsten heißen: Jubilate, Kantate (heute) und Rogate = jubelt, singt und betet. Das hat sich nicht zufällig so ergeben, sondern ist bewusst so gefügt worden. Damit wir nicht vergessen, dass wir von Ostern her kommen, in der Osterzeit leben und uns von Ostern her in unserem Leben und Glauben leiten lassen sollen. Jubelt, singt, betet, weil von Ostern her das Leben eine neue Richtung gekommen hat, eine neue Ausrichtung.

Österlicher Glaube hat ja nun auch ganz und gar nichts mit Osterhasen und Eiern zu tun. Österlicher Glaube ist getragen von der frohen Hoffnung gegen den Tod und alles Zerstörerische. Die Apostel in der Bibel sprechen von „Neuer Geburt", wenn sie die Erfahrungen beschreiben, die Menschen mit dem österlichen Glauben gemacht haben. Da werden andere Töne angestimmt, als davor zu hören waren. Da kommen neue Takte, neue Rhythmen ins Leben.

Vielleicht ist das so, wie wenn eine Frau zum ersten Mal die Herztöne ihres noch ungeborenen Kindes hört. Ja, da lebt etwas in mir, das mir gehört aber doch eine ganz eigene Person ist. 140 - 150 Schläge pro Minute macht das winzige Herz eines Embryos in der sechsten Schwangerschaftswoche. Da ist der kleine Mensch gerade mal 15 mm groß.

Die moderne Medizintechnik mit Ultraschall macht das möglich. Das ist doch ein Wunder! Da hat sich der Bauch einer Frau noch gar nicht verändert, zeigt noch keine Wölbung, aber sie kann das Herz ihres Kindes schon schlagen hören. Die Herztöne bilden sozusagen die Grundmelodie des Lebens. Viele andere Töne mischen sich im Lauf des Lebens da hinein: laute und leise, manchmal schrille oder auch schräge Töne. Alle zusammen ergeben sie dann die Lebensmelodie eines Menschen, die ja zugleich seine Grundstimmung zum Ausdruck bringt, seine Gestimmtheit. Ist die freudig und hoffnungsvoll oder traurig und verzagt? In der Musik heißt das Dur oder Moll. Dazu könnten uns Musiker oder Kantoren eine Menge erzählen und auch warum wir lieber Lieder in Dur-Tonarten singen statt in Moll.

Die Freunde und Freundinnen Jesu hatten ihre Ostererfahrungen in der Sprache und den Bildern ihrer Zeit zum Ausdruck gebracht. Davon erzählen die Evangelien im Neuen Testament der Bibel. Es waren die Erfahrungen, dass Jesus zwar umgebracht werden konnte, dass er sich aber trotzdem im Geist und in der nicht zu bezwingenden Liebe Gottes zu allen Menschen als lebendig erwiesen hatte. Aus dieser Erfahrung resultierte die Verkündigung: Jesus lebt!

Die Frauen und Männer hatten das weitergegeben, was ihnen von Gott her widerfahren war, was sie also erlebt hatten, was ihr Leben verändert und geprägt hatte. Und das konnte ihnen niemand nehmen. Das ist der Schatz, von dem Jesus gesagt hatte, dass ihn weder Motten noch Rost noch der Tod zerstören können. Dies ist das Geheimnis der Liebe, die uns am Leben erhält. Denn wo Liebe ist, da ist Gott. Deshalb ist es für uns und unseren Glauben so wichtig, dass dieser Glaube an Gott sich nicht nur auf überlieferte und angelernte Sätze beruft und gründet. Osterglaube soll nicht im Museum der Religionsgeschichte bestaunt werden.

Lebendiger Glaube lässt sich immer wieder neu überraschen von den sich wandelnden Formen des Lebens. Und auch Gott selbst wird ja von uns sehr verschieden und nicht selten widersprüchlich wahrgenommen. Das überrascht und verunsichert uns. Unser Glaube will zu einem Erfahrungsglauben werden, soll er tragfähig sein im Leben. Damit wir das, was wir erfahren haben, was uns widerfahren ist, in schwierigen Zeiten erinnern und ins Gedächtnis rufen können und daraus Kraft schöpfen fürs Weiterleben.

Jubelt, singt, betet – das wäre der Dreiklang einer neuen Lebensmelodie von Ostern her. Nicht mehr die Angst ums Leben bestimmt den Grundton, sondern die Freude am Leben, weil Gott der Liebhaber des Lebens ist. Und doch geraten Menschen immer wieder in Situationen, in denen ihnen das Lachen im Halse stecken bleibt; in denen es ihnen die Sprache verschlägt; in denen alle Lieder verstummen. Plötzlich ist das Leben bedroht von Krankheit oder äußeren Angriffen. Da fallen Menschen ins Bodenlose und finden keinen Halt. Zukunftsängste blockieren alles Denken und Handeln.

Für die Bewohner Jerusalems war eine solche Situation, als um das Jahr 721 v. Chr. eine riesige Armee vom Norden her die Stadt drohte einzunehmen. Das assyrische Großreich mit der Hauptstadt Ninive war im Begriff, den ganzen Orient und den Nahen Ost zu erobern. Syrien und Israel (das Nordreich) waren schon diesem Reich einverleibt. Die Städte Damaskus und Samaria zerstört. Und nun auf dem Weg in Richtung Ägypten war Jerusalem das nächste Ziel der Eroberer. Jerusalem war umgeben und geschützt von starken Wehranlagen. Aber konnten die dem Angreifer standhalten?

Die Assyrer jedoch spielten auf Zeit. Sie belagerten die Stadt und hätten sie wohl ausgehungert, wäre es da nicht zu einer für alle überraschenden Wende gekommen. Weil von Babylon her es zu kriegerischen Auseinandersetzungen im Osten gekommen war, musste der König seine Soldaten im Westen abziehen.

Für die Bewohner Jerusalems, die schon den Untergang ihrer Stadt vor Augen hatten, war die unverhoffte Erlösung aus der Bedrängnis ein Wunder Gottes. Sie konnten wieder singen und stimmten frohe Lieder an. Sie waren wie neu geboren. Bei dem Propheten Jesaja finden wir ein solches Lied:

„Am Tag deiner Rettung wirst du, Israel, singen: »Dich will ich loben, o Herr! Du warst zornig auf mich, doch dein Zorn hat sich gelegt, und du hast mich wieder getröstet. Ja, so ist mein Gott: Er hat mich errettet und mir geholfen, ich vertraue ihm und habe keine Angst. Der Herr allein gibt mir Kraft. Denke ich an ihn, dann beginne ich zu singen, denn er hat mich gerettet.« Seine Hilfe gleicht einer sprudelnden Quelle. Voller Freude werdet ihr Wasser daraus schöpfen. An jenem Tag werdet ihr sagen: »Lobt den Herrn, ruft in die Welt hinaus, wer euer Gott ist! Sagt den Völkern, was er getan hat! Rühmt ihn, und erzählt, wie groß und erhaben er ist! Singt zur Ehre des Herrn, denn er hat wunderbare Taten vollbracht. Das soll auf der ganzen Erde bekannt werden. Ihr Einwohner von Jerusalem, jubelt und singt, denn groß und mächtig ist der heilige Gott Israels, der mitten unter euch wohnt."

(Jesaja 12,1-6)

Ich denke, wir können die Freude und den Jubel der Bewohner Jerusalems gut nachempfinden. Die Todesbedrohung ist abgewendet, das Leben wie neu geschenkt. Die Menschen haben wieder Zukunft und können sich an Kindern und Enkeln freuen. Und das alles kommt von Gott, der auf so wunderbare Weise diese Wende herbei geführt hatte. Wir werden an die Wende von 1989 erinnert.

Für die Bewohner Jerusalems und für spätere Generationen hatte das Ereignis der Befreiung der Stadt weitreichende Folgen in ihrem religiösen Selbstverständnis. Wurden bis dahin auch im Tempel in Jerusalem verschiedene Gottheiten angebetet und verehrt, so gilt der Kult fortan nur noch Jahwe, dem einstigen Kriegsgott Israels. Erst jetzt wird die Verehrung Jahwes zum Monotheismus erhoben und die anderen Gottheiten werden aus dem religiösen Leben Israels verbannt. Von nun an ist es Jahwe, dem allein zu dienen und der zu loben ist von ganzem Herzen, von ganzer Seele und mit ganzem Gemüt.

Ähnlich wie die wunderbare Befreiung aus ägyptischer Knechtschaft ist die gleichfalls wunderbare Errettung aus assyrischer Bedrohung als unverdientes Handeln Gottes gesehen worden. Darauf kann der Mensch nur mit Dank antworten. Und Dank drückt sich am besten in Liedern aus und in einem Leben, das den Weisungen Gottes zu entsprechen sucht. Singen, Musizieren und Tanzen gehörten von je her zu den ältesten Ausdrucksformen der Religionen.

Jubelt, singt, betet: Die Sonntage in der Osterzeit wollen uns locken, dass wir dem Gott, der mit Jesus unser Leben neu macht, fröhlich unsere Lieder singen und ihm unseren Dank bringen für das Leben, das wir täglich aus seiner Hand nehmen. Amen.

Nichts ohne meinen Anwalt

Predigt am Sonntag Rogate über 2. Mose 32,7-14

Liebe Gemeinde!

Haben Sie einen guten Anwalt? Denn den brauchen Sie in unseren Zeiten. Zu schnell kann es passieren, dass Sie in Sachen hineingezogen oder verwickelt werden, aus denen Sie ohne anwaltlichen Beistand nicht schadlos herauskommen. Die vielen Tatort-Krimis machen es uns ja vor: *„Ohne meinen Anwalt sage ich jetzt hier überhaupt nichts mehr!"*

Anwälte haben die Aufgabe, für das Recht anderer einzutreten; sich dafür stark zu machen, dass denen, die sich selbst nicht wehren können, kein Unrecht geschieht bzw. schon geschehenes Unrecht wieder gut gemacht wird. In unserer komplizierten Rechtssprechung geht es gar nicht ohne Anwälte. In vielen Bereichen sind sogar Fachanwälte von Nöten. Also noch einmal: Haben Sie einen guten Anwalt? Dann sind Sie gut dran.

Hätte die kleine Gruppe von Hebräern, die vor über 3.000 Jahren aus Ägypten geflohen war, nicht in Mose einen mutigen Anwalt gefunden, gäbe es das Land und den Staat Israel heute wahrscheinlich gar nicht. So jedenfalls erzählt es die alte biblische Geschichte, die uns als Predigttext vorgeschlagen ist. Ich lese aus dem 2. Buch Mose im 32. Kapitel:

„Sie sprach zu Mose: „Geh schnell hinunter, dein Volk, das du aus Ägypten heraufgebracht hast, ist dabei, Unheil anzurichten. Sie haben die Ordnungen, die ich ihnen geben ließ, schon übertreten. Sie haben sich ein gegossenes Stierbild gemacht, haben es angebetet und ihm geopfert. Dann haben sie gerufen: „Das ist deine Gottheit, Israel, die dich aus Ägypten heraufgeführt hat!" Er sagte zu Mose: „Ich sehe ein, dass dieses Volk hoffnungslos starrköpfig ist. Nun halte du dich bitte heraus: Ich will meiner Wut auf sie freien Lauf lassen und sie vernichten. Dich aber mache ich zu einem großen Volk." Mose versuchte trotzdem, sein Gegenüber, Sie, seine Gottheit umzustimmen und argumentierte: „Warum bist du so wütend auf dein Volk? Du hast es doch eigenhändig mit großer Macht und furchtbarer Gewalt aus Ägypten herausgebracht! Warum sollen die Ägypter und Ägypterinnen triumphieren dürfen: „Ha! Er hat sie mit böser Absicht befreit; er wollte sie im Gebirge umbringen und ganz vom Erdboden vertilgen." Lass doch ab von

deinem glühenden Zorn, bereue, dass du deinem Volk eine solche Katastrophe schicken willst. Denke doch bitte an die Familien von Abraham, Isaak und Jakob! Sie haben dir gedient, und du hast ihnen selbst eidlich zugesagt: „Ich will eure Nachkommen so zahlreich wie die Sterne am Himmel machen. Das ganze Land, von dem ich geredet habe, werde ich euren Nachkommen geben; sie sollen darin für immer wohnen." Da bereute ER es tatsächlich, dass er angekündigt hatte, seinem Volk eine solche Katastrophe schicken zu wollen." (2. Mose 32,7-14 nach Bibel in gerechter Sprache!)

Der Glaube an den Gott Jahwe als den einzigen und alleinigen Gott konnte sich in Israel nur schwer durchsetzen. Bis in das 6. Jahrhundert vor Chr. standen im Tempel in Jerusalem neben dem Altar für Jahwe noch weitere Altäre und Götterstandbilder – auch weibliche Gottheiten. In Aschera wurde die Ehefrau Jahwes verehrt.

Zuerst waren es die Propheten, die dafür eingetreten waren, dass die Israeliten sich doch ausschließlich dem Gott Jahwe anvertrauen und unterordnen sollten. Wie wenig sie gehört wurden, zeigt die Geschichte Israels bis zur Katastrophe von 587 v. Chr. mit der Zerstörung Jerusalems durch die Babylonier. Und erst jetzt, in der Auseinandersetzung mit der babylonischen Religion, gewann der Jahweglaube an Einfluss und konnte sich als Monotheismus durchsetzen.

In jener Zeit, also um 550 v. Christus, ist die so genannte Priesterschrift entstanden, die die Geschichte Israels neu erzählt. Nämlich so, als wären die Israeliten schon immer dem Gott Jahwe verpflichtet gewesen. Weite Teile des Alten Testamentes sind redaktionelle Überarbeitung und Zusammenstellung älterer Texte unter der Federführung derer, die als Autoren der Priesterschrift angesehen werden müssen.

Dabei ist das Gottesbild, welches im 1. Teil der Bibel gezeichnet wird, ein sehr ambivalentes Bild, wie es ja auch unser Text für heute deutlich macht: Erst der zornige, wütende Gott, der vernichten will und gleich daneben der zu besänftigende Gott, den es reut, dass er so zornig war. Das sind doch ganz menschliche Vorstellungen von einem Gott, dem das Hervorgebrachtwerden des ganzen Universums zugeschrieben wird.

Jesus hatte da ein anderes Gottesbild gemalt: Nämlich das des Vaters, der in voraussetzungsloser Liebe uns Menschen zugewandt ist und bleibt. Gott ist nicht heute so und morgen anders und schon gar nicht den launischen Anwandlungen von uns Menschen unterworfen.

Der katholische Theologe Professor Dr. Eugen Biser aus München schreibt in diesem Zusammenhang: *„Das Christentum unterscheidet sich dadurch fundamental von allen anderen Weltreligionen,...dass es nicht einen ambivalenten Gott vertritt, der einmal liebt und dann wieder droht und straft, sondern den Gott der bedingungslosen Liebe. Und diesen Gott der bedingungslosen Liebe, den hat Jesus erst entdeckt."* (Biser, S. 57)

Jahrhunderte zuvor aber dachten die Menschen anders und hatten sicher auch andere Erfahrungen gesammelt im Umgang mit Göttern, Naturkatastrophen und Kriegen. Interessant ist dennoch, was hier im 2. Buch Mose von Mose erzählt wird. Er, der die Nähe Gottes wie kein zweiter Mensch erleben durfte, steht wieder einmal an einem Wendepunkt seines Lebens. Er hatte die Chance, mit Gott in eine neue steile Karriere zu starten:

„Er sagte zu Mose: „Ich sehe ein, dass dieses Volk hoffnungslos starrköpfig ist. Nun halte du dich bitte heraus: Ich will meiner Wut auf sie freien Lauf lassen und sie vernichten. Dich aber mache ich zu einem großen Volk."

(2. Mose 32,9f)

Nach Jahrzehnten an Lebensjahren darf man schon mal fragen: Wen oder was haben wir alles im Schlepptau und tragen das immer mit uns herum? Wir sind ja nicht allein auf dieser Welt, sondern immer schon eingebunden in die Geschichte unsrer Herkunftsfamilie. Und was sammeln wir nicht alles im Lauf des Lebens noch dazu an Beziehungen und Beziehungsbrüchen, an Erfolgen und Versagen?

Wie oft haben Sie sich schon gewünscht, noch einmal ganz von vorne anfangen zu können, frei und unbeschwert. Dem Mose wird das hier angeboten. Welch eine Verlockung! Ohne die bucklige Verwandtschaft, ohne die nörgelnden Nachbarn, ohne die immer alles besser wissenden Arbeitskollegen noch mal so richtig durchzustarten. Wem würde das nicht gefallen?

Doch Mose entscheidet sich anders. Er wagt es, sich gegen seinen Gott zu stellen. Nicht, indem er ihm den Rücken kehrt, wie es die meisten Menschen heute tun. Mose stellt sich vor das Angesicht Gottes und hält ihm dessen eigene Worte entgegen: *„Denke doch bitte an die Familien von Abraham, Isaak und Jakob! Sie haben dir gedient, und du hast ihnen selbst eidlich zugesagt: „Ich will eure Nachkommen so zahlreich wie die Sterne am Himmel machen. Das ganze Land, von dem ich geredet habe, werde ich euren Nachkommen geben; sie sollen darin für immer wohnen."* (2. Mose 32,13)

Und noch etwas tut Mose: Er stellt klar, wem diese Menschen gehören, die der zornige Gott Jahwe im Begriff ist, zu vernichten. Das Gespräch beginnt ja so: *„Sie sprach zu Mose: „Geh schnell hinunter, dein Volk, das du aus Ägypten heraufgebracht hast, ist dabei, Unheil anzurichten. Sie haben die Ordnungen, die ich ihnen geben ließ, schon übertreten."* (2. Mose 32,7)

Gott hatte sich schon so sehr distanziert, dass er Mose gegenüber nicht mehr von „mein Volk Israel" spricht. Plötzlich ist es das Volk des Mose, welches er aus der Knechtschaft in Ägypten herausgeführt hatte. Auch dem widerspricht Mose, indem er Gott daran erinnert, dass die Menschen, die da in der Wüste sich einen eigenen Gott gemacht hatten, ja schließlich sein Volk sind: *„Mose versuchte trotzdem, sein Gegenüber, Sie, seine Gottheit umzustimmen und argumentierte: „Warum bist du so wütend auf dein Volk? Du hast es doch eigenhändig mit großer Macht und furchtbarer Gewalt aus Ägypten herausgebracht!"* (2. Mose 32,11)

Mose tritt anwaltlich ein für die Menschen, damit sie nicht in der Wüste umkommen und zum Gespött ihrer Feinde werden. Mose ringt um das Leben der Menschen, die als Nachkommen Abrahams, Isaaks und Jakobs ja doch unter dem Segen stehen, den dieser Gott den Vätern verheißen und zugesprochen hatte: *„Lass doch ab von deinem glühenden Zorn, bereue, dass du deinem Volk eine solche Katastrophe schicken willst. Denke doch bitte an die Familien von Abraham, Isaak und Jakob! Sie haben dir gedient, und du hast ihnen selbst eidlich zugesagt: „Ich will eure Nachkommen so zahlreich wie die Sterne am Himmel machen. Das ganze Land, von dem ich geredet habe, werde ich euren Nachkommen geben; sie sollen darin für immer wohnen."* (2.Mose 32,12b+13)

Das ist fürbittendes Gebet. Vor Gott aufstehen und Gott daran erinnern, was er oder sie an Gutem verheißen und an Barmherzigkeit zugesagt hat.

Ganz ähnlich hatte viel später der Mann aus Nazareth für seine Freunde gebetet, damit sie vor Gott ein Ansehen behalten. Und so sind auch wir immer wieder gerufen, uns vor Gott und in dieser Welt für die stark zu machen, die durch alle sozialen und gesellschaftlichen Netze durchzufallen drohen. Bei Gott gibt es keine abgeschriebenen Menschen. Es ist unsere Aufgabe, diese Menschen nicht aus dem Blick zu verlieren und sie im Gebet vor das Angesicht Gottes zu stellen. So wird sich Geschichte zum Guten hin wandeln, wie es das Ende des Textes zeigt: *„Da bereute ER es tatsächlich, dass er angekündigt hatte, seinem Volk eine solche Katastrophe schicken zu wollen."* (2. Mose, 32,14) Darum: Nehmen Sie die, die zu Ihnen gehören, immer wieder auf Ihr Herz und stellen Sie sie im Gebet vor das Angesicht Gottes. Es wird nicht umsonst sein. Amen.

Literatur: - Biser, Eugen, Theologie der Zukunft

Kirche Löbnitz, Ausschnitt aus der Bilderdecke „Am Anfang"

Aufgeweckte Bürschchen und Mädchen

Predigt zu Pfingsten über Römer 8,10+11

Liebe Gemeinde!

„Du bist aber ein aufgewecktes Bürschchen!“ - staunte Tante Paula ihren Neffen Moritz an. Der Fünfjährige hatte seiner Lieblingstante gerade mit großen leuchtenden Augen und roten Backen erklärt, dass der neue Audi A3 Sportback 420 PS hat und über 300 Km/h schnell fahren kann. Sieben Stunden hatten Vater und Sohn auf der Automesse in Leipzig verbracht und der kleine Knirps wollte alles ganz genau wissen. Die vielen verschiedenen Automarken kann er schon seit seinem dritten Lebensjahr unterscheiden.

Aufgeweckte Bürschchen oder auch Mädchen, die haben's in sich; die können einem ganz schön auf die Nerven gehen. Die stellen viele Fragen oder antworten auf Fragen, die niemand gestellt hat. Aufgeweckte Bürschchen oder auch Mädchen - das ist so eine Mischung aus Neugier, Naseweis, Wissensdurst, Schlaumeierei, Begabung und Talent und auch ein bisschen Angeberei. Aber liebenswürdig sind sie allemal. Ich denke, in jedem Familienkreis gibt es so ein aufgewecktes Kind.

In dem Predigttext, der uns in diesem Jahr für Pfingsten zu bedenken aufgegeben ist, geht es auch um aufgeweckte Menschen. Menschen, die sich vom Geist Gottes haben aufwecken lassen, damit sie in der Spur des Jesus von Nazareth ihren Lebensweg finden.

Der vorgeschlagene Text ist ein Abschnitt aus dem Brief, den der Apostel Paulus an die Christen in Rom geschrieben hatte. In diesem Brief entfaltet der Apostel seine Theologie von der Rechtfertigung des Sünders durch den Glauben an Christus. Ausführlich beschäftigt er sich mit der Frage, was nun aus den Juden wird, da sie in Jesus nicht den von Gott verheißenen Retter erkannt haben und kommt zu dem Schluss, dass Gottes Gnade den Juden trotzdem weiter zuteil wird, weil Gott einmal zugesprochene Wohltaten nicht zurück nimmt.

Und durch den Glauben an Jesus als den Christus, so argumentiert Paulus weiter, haben schließlich auch alle anderen Menschen Anteil an dieser Gnade, auch wenn sie nicht von Geburt aus zum Volk der Juden gehören. Das ist die universale Dimension des neuen Glaubens, der sich an

Wort und Tat des Menschen Jesus von Nazareth ausrichtet. Und diese Grenzüberschreitung, nämlich heraus aus der Begrenzung auf das Volk Israel und hinein in die Welt der Völker und Kulturen, ist das Erleben von Pfingsten. Menschen werden aufgeweckt und ermutigt, neue Lebensentwürfe zu denken und zu wagen.

Ich beschränke mich auf zwei Verse aus dem achten Kapitel im Brief an die Christen in Rom, die Verse 10+11: *„Wenn aber der Messias in eurer Mitte ist - mögt ihr auch wie tot sein aufgrund der allgegenwärtigen Sündenmacht -, dann schenkt euch die Geistkraft Leben, damit Gerechtigkeit verwirklicht wird. Wenn aber die Geistkraft Gottes, die Jesus von den Toten aufgeweckt hat, in eurer Mitte wohnt, so wird die, die den Messias von den Toten aufgeweckt hat, auch eure der Todesherrschaft unterworfenen Körper lebendig machen. Dies geschieht durch Gottes Geistkraft, die in euch einzieht."*

(Text nach „Bibel in gerechter Sprache")

Der Apostel Paulus unterscheidet ganz klar zwischen dem, was früher war und dem, was mit Jesus, dem Messias, den Gott zu neuem Leben aufgeweckt hat, in diese Welt gekommen ist.

Natürlich ist der Apostel Paulus mit all seinen Gedanken, die wir in seinen Briefen finden, auch Kind seiner Zeit geblieben. Er kam aus der jüdischen Glaubenstradition, war jüdischer Gesetzeslehrer und hatte versucht, dem Kreuzestod Jesu mit seinem durch die alten biblischen Texte geprägten Gottesbild eine positive Sinndeutung zu geben. Heraus kam dabei, dass die feige und unmenschliche Hinrichtung des Jesus von Nazareth ein von Gott gewolltes Sühnopfer sein müsse, damit Gott um der Sünde der Menschen willen diese wieder gnädig anschaue. Damit aber blieb der Apostel in seiner jüdischen Opfertheologie behaftet. Und die dem Paulus folgende christliche Kirche hat über Jahrhunderte mit dieser Sühnopfertheologie die Menschen gedemütigt und klein gehalten.

Alle Aufgeweckten aber, die erkannt hatten, dass mit der Sündentheologie und dem drohenden Strafgericht der Geist Jesu verraten wird, wurden als Ketzer gebrandmarkt und verfolgt. Dabei hatte der Apostel selbst zu dieser Aufgewecktheit ermutigt: *„Wenn aber die Geistkraft Gottes, die Jesus von den Toten aufgeweckt hat, in eurer Mitte wohnt, so wird die, die den Messias von den Toten aufgeweckt hat, auch eure der Todesherrschaft* *unterworfenen Körper lebendig machen. Dies geschieht durch Gottes Geistkraft, die in euch einzieht.“* (Römer 8,11)

Ja, der kleine Moritz, dieses aufgeweckte Kerlchen, könnte zu einem Menschen werden, in dessen Nähe andere aufhorchen und aufsehen und sich anstoßen lassen, aus dem üblichen Trott herauszutreten, die eingefahrenen Geleise zu verlassen. Dazu muss man nicht besonders fromm sein. Es braucht nur ein Gespür für Situationen und für das, was dem Leben dient.

Elisabeth Selbert, geboren 1896 in Kassel, war so eine Aufgeweckte. Als SPD-Politikerin und Juristin war sie schon in der Zeit nach dem ersten Weltkrieg für die volle Gleichberechtigung von Frauen und Männern eingetreten. Und als es nach 1945 darum ging, für die Bundesrepublik Deutschland eine neue Verfassung zu erarbeiten war sie es, die im parlamentarischen Rat zwei Jahre lang darum gekämpft hatte, dass die Formulierung *„Frauen und Männer sind gleichberechtigt“* ins Grundgesetz aufgenommen wurde. Viel Häme, Unverständnis und Widerstand hatte Elisabeth Selbert von den Männern dieses Gremiums ertragen müssen.

Oder denken wir an Henry Dunant. Als Geschäftsmann leitete er eine Kolonialgesellschaft und machte Geld mit billigen Arbeitskräften. 1859 reiste er nach Italien, um Kaiser Napoleon III. zu treffen. Der befand sich gerade im Krieg. Am 24. Juni 1859 wird Dunant Zeuge der Schlacht von Solferino, bei der an diesem Tag 40.000 Soldaten umkamen. Um die Verletzten kümmert sich kaum jemand. Das war für Dunant ein unerträglicher Zustand. Kurzerhand mobilisierte er die Bevölkerung des 5.000 Einwohner zählenden Ortes und verwandelte diesen in ein großes Lazarett. Geboren war die Idee des Roten Kreuzes.

Menschen lassen sich in konkreten Situationen anstoßen und aufwecken und tun Dinge, die sie weder geplant hatten noch dazu ausgebildet waren. Sie tun es, weil sie erkannt hatten, dass es dran ist, jetzt so zu handeln, damit die Menschlichkeit und die Würde von Menschen nicht auf der Strecke bleiben. *„Dies geschieht“* -, so der Apostel Paulus, *„durch Gottes Geistkraft, die in euch einzieht.“* Sicher, Elisabeth Selbert und Henry Dunant waren in christlichen Familien aufgewachsen und hatten von daher eine Grundüberzeugung für die Menschlichkeit mitbekommen.

Aber selbstverständlich ist das dennoch nicht, sich für Recht, Gerechtigkeit und Nächstenliebe einzusetzen, wie ja die unrühmliche Geschichte der letzten hundert Jahre unsers Volkes zeigt. *„Mit Gott für Volk und Vaterland!"* hieß die Losung, unter der unzählige Christen siegesgewiss in den Krieg zogen, um zu morden, zu zerstören und zu töten. Dies geschah mit Sicherheit nicht durch die Geistkraft Gottes. Da waren andere Geister am Werk.

Deshalb ist es zu jeder Zeit und in jeder Situation immer wieder neu dran, danach zu fragen, was jetzt, hier und heute, dem Geist Jesu entspricht. Und das zu lernen, bleibt wohl eine lebenslange Aufgabe im Hören auf das Evangelium von Jesus Christus und im Einüben in einen Lebensstil, der allen Mitgeschöpfen die ihnen gebührende Würde und Achtung zugesteht. Albert Schweitzer hatte es *„Die Erfurcht vor dem Leben"* genannt. So zu leben lässt den Geist von Pfingsten unter uns erfahrbar werden. Amen.

Kirche Löbnitz, Ausschnitt aus der Bilderdecke „Passion"

Alles zur Ehre Gottes

Predigt am 6. Sonntag nach Trinitatis über 1. Petrus 5,1-7

Liebe Gemeinde!

Die Briefe des Neuen Testamentes sind in ihrem Aufbau alle sehr ähnlich. Im ersten Teil geht es immer um die grundsätzlichen theologischen Fraugen, um das Heilswirken Gottes in seinem Christus. Für die Apostel Paulus und Petrus, aber auch für alle anderen Briefe Schreiber lag das Schwergewicht auf der neuen überraschenden Erkenntnis, dass der Gott der Juden in dem Menschen Jesus von Nazareth ein Gott für die ganze Welt geworden war. Das konnten sie nicht verschweigen. Davon sollten alle Menschen hören.

Im zweiten Teil antworten die Apostel dann auf konkrete Fragen aus den Gemeinden. Da muss z.B. Streit geschlichtet werden. Ehefragen werden angesprochen sowie der Umgang der Christen untereinander und das Leben in der Welt. Kranke, Arme und Hilfsbedürftige sollen nicht vergessen werden und das Geld soll nicht Macht über uns haben. Und immer wieder lesen wir die Aufforderung: Lebt als Christen so, dass andere sich daran ein Beispiel nehmen können! Das gilt natürlich ganz besonders denen, die in Kirche und Gemeinde in leitende Ämter gewählt oder berufen wurden.

Mit dem Text, den wir heute bedenken, sind zuerst die Mitglieder der Kirchenvorstände angesprochen. Aber natürlich gilt das auch für alle anderen Gemeindeglieder. Nur, dass die Ältesten in besonderer Weise Verantwortung tragen. Wir hören aus dem 1. Petrusbrief im 5. Kapitel:

„Jetzt noch ein Wort an die Leiter eurer Gemeinden. Ich selbst habe die gleiche Aufgabe wie ihr, bin ein Zeuge der Leiden Christi und werde auch an seiner Herrlichkeit Anteil haben, wenn er kommt. Deshalb möchte ich euch bitten: Versorgt die Gemeinde gut, die euch Gott anvertraut hat. Hütet die Herde Gottes als gute Hirten, und das nicht nur aus Pflichtgefühl, sondern aus freien Stücken. Das erwartet Gott. Seid nicht darauf aus, euch zu bereichern, sondern arbeitet gern, auch ohne Gegenleistung. Spielt euch nicht als die Herren eurer Gemeinde auf, sondern seid ihre Vorbilder. Nur dann werdet ihr den unvergänglichen, herrlichen Siegeskranz erhalten, wenn Christus kommt, der ja der oberste Hirte seiner Gemeinde ist. Den jungen Leuten unter euch sage ich: Ordnet euch den Leitern eurer Gemeinden unter!

Und für euch alle gilt: Hütet euch vor Hochmut! Denn »die Hochmütigen weist Gott von sich; aber er hilft denen, die wissen, dass sie ihn brauchen«. Deshalb beugt euch unter Gottes mächtige Hand. Gott wird euch aufrichten, wenn seine Zeit da ist. Ladet alle eure Sorgen bei Gott ab, denn er sorgt für euch." (1. Petrus 5,1-7)

Vom Dienen ist die Rede und von Demut. Beides ist verpönt in unserer so auf Anerkennung und Leistung orientierten Gesellschaft. Knechte und Mägde sind abgeschafft, wenngleich sich viele Menschen unter ihren Arbeitgebern so fühlen. Und wer sich Bedienstete leisten kann, gehört zu den oberen Zehntausend. Unabhängig davon aber gibt es eine ganze Dienstleistungsbranche, die wir gerne in Anspruch nehmen und auf die wir in gewisser Weise auch angewiesen sind: Von der Hebamme über die Müllabfuhr bis hin zum Bestatter. Millionen von Menschen stellen ihre Arbeitskraft zur Verfügung, um anderen in der Gesellschaft zu dienen.

Von den Ältesten der Gemeinde wird erwartet, dass sie ihren Dienst mit Lust und Freude tun, und dass es dabei nicht ums Geldverdienen geht. Das ist schon eine große Herausforderung für die Männer und Frauen, die sich dazu haben wählen lassen. Das müssen wir alle mit Respekt anerkennen. Und noch eins wird den Ältesten gesagt: Das Amt der Gemeindeleitung ist nicht geeignet, um sich zu profilieren. Wer Karriere machen will, muss sich andere Treppchen suchen. Nein, als ein Dienst für Gott will diese Aufgabe verstanden und begriffen werden.

Und darin wiederum gleicht sie allen anderen Aufgaben in der Gemeinde: Ob es das Blumen wechseln auf dem Altar ist; Kaffeekochen für den Frauenkreis; die Kirche sauber halten oder die Stühle für den Gottesdienst stellen; ob es die Pflege des Friedhofs rund um die Kirche ist oder das Reparieren des Zaunes - immer sollte es aus der gleichen inneren Haltung heraus geschehen, nämlich als ein Dienst für Gott und seine Gemeinde, freiwillig und gerne.

Die Gemeinde lebt davon, dass möglichst viele, besser noch alle, sich einbringen mit ihren Gaben und Fähigkeiten. Weil Gott so am besten geehrt wird. Dorothee Sölle hatte in ihrem Buch „Den Rhythmus des Lebens spüren" unter der Überschrift „Gott braucht uns" dazu geschrieben:

„Wirkliche Begegnung in Liebe kann nur in Gegenseitigkeit, nicht in einem asymmetrischen Abhängigkeitsverhältnis stattfinden. Geben und Nehmen sind beiderseitig: Wir brauchen Gott nur, wenn wir auch wissen, wie sehr Gott uns braucht...Die Liebe selbst will die Gegenseitigkeit, Gott will unsere Freude, unsere Kraft, unsere schöpferische Anteilhabe und nicht uns als bloße Gefäße göttlichen Eingusses...Alle unsere Beziehungen, auch die zu schwächeren, kranken Partnern sollen mindestens tendenziell auf Gegenseitigkeit hin angelegt sein. Denn es ist gerade aus dem Miteinander der Begegnung, dass Sinn entsteht." (Sölle, S. 120)

Und dann ist da noch von Demut die Rede. Junge Menschen kennen dieses Wort gar nicht mehr. Früheren Generationen wurde Demut abverlangt bzw. anbefohlen: gesenkter Blick, gefaltete Hände, freundliches Lächeln, schweigend alles ertragen – auch die Demütigungen des Ehemannes, des Arbeitgebers oder Vorgesetzten.

Nein, das ist es nicht, was die Bibel unter Demut versteht. Da geht's um das Innerste eines Menschen, um die Herzenshaltung. *„Demut ist wie Unterwäsche"* - hatte jemand mal gesagt, *„sie ist unentbehrlich, aber man zeigt sie nicht!"* Gerade die zur Schau getragene Demut hatte Jesus so scharf kritisiert.

Das ist wohl die hohe Kunst im Umgang miteinander, die Würde des anderen immer mit im Blick zu behalten. Zuneigung zu Menschen, weil mir in jedem Menschen ein einzigartiges Geschöpf Gottes gegenüber tritt und weil ich in jedem Angesicht ein Bild Gottes erkennen kann. Albert Schweitzer hatte es vor über fünfzig Jahren die *„Ehrfurcht vor dem Leben"* genannt. Jeder Mensch trägt die gleiche Würde. Auch dazu noch einmal Dorothee Sölle unter der Überschrift „Gott braucht unsere Liebe": *„Wir müssen wieder entdecken und lernen, die Schöpfung zu lieben. Ich habe manchmal den Eindruck, im Protestantismus kommt ein bisschen zu kurz, dass wir Gott lieben können. Es wird oft davon geredet, dass Gott uns liebt – von oben nach unten. Die Gottesliebe kommt zu kurz, und die drückt sich ja vor allem aus in einer tieferen Liebe zu allem, was lebt, was geschaffen, was schön ist."*

(Sölle, S. 83)

Demut liegt nicht in unserer Natur. Schon vor über 100 Jahren hatte Herrmann Bezzel, Gymnasialdirektor und Leiter der großen diakonischen Anstalten von Neuendettelsau, geschrieben: *„Bescheidenheit kann man erziehen, Demut muss man erbitten!“* Wenn ich aber etwas erbitten muss, dann muss ich mir zuvor meinen eigenen Mangel eingestehen: Ich hab's nicht, darum Gott, gib es mir. Und das hat mit Schmerz zu tun, diesen Mangel sich einzugestehen. Das fällt uns schwer.

Aber auf dem Weg des Friedens und der Versöhnung kommen wir daran nicht vorbei. Jesus hatte es mit seiner großen Einladung so ausgedrückt: „ *Kommt her zu mir, alle ... Nehmt meine Herrschaft an und lebt darin! Lernt von mir! Ich komme nicht mit Gewalt und Überheblichkeit. Bei mir findet ihr, was eurem Leben Sinn und Ruhe gibt.“* (Matthäus 11,29)

Von Jesus lernen, wie wir Gott begegnen dürfen und wie wir unseren Mitmenschen begegnen sollen. Das hatte Petrus wohl versucht, den Christen damals ans Herz zu legen. Und das gibt er uns heute zu bedenken mit auf den Weg durch die neue Woche und darüber hinaus. Amen.

Literatur: - Sölle, Dorothee, Den Rhythmus des Lebens spüren

Zwischen Vergangenheit und Zukunft

Predigt am 7. Sonntag nach Trinitatis über 2. Mose 16,1-3+11-18

Liebe Gemeinde!
Jeder Mensch hat sein ganz individuelles Datum. Der Tag der Geburt kann nicht verändert werden. Und Jahr für Jahr erinnern wir mit der Feier des Geburtstages an den Beginn eines einzigartigen Lebens – unverwechselbar und nicht austauschbar. Dabei muss dieses Leben nicht spektakulär oder öffentlich wirksam gewesen sein. Dennoch sammelt jeder Mensch im Laufe seines Lebens weitere für ihn und andere wichtige erinnerungswürdige Tage an: Taufe, Konfirmation und Hochzeit; Schulanfang oder -abschluss; erfolgreicher Abschluss der Berufsausbildung oder des Studiums; Meisterprüfung oder das eigene Haus fertig gebaut. Gerade in diesen Tagen wurde erinnert an den Aufstand im Warschauer Ghetto vor 70 Jahren und im kollektiven Gedächtnis unseres Volkes geht es in diesem Jahr besonders um den Ausbruch des 1. Weltkrieges vor einhundert Jahren.

Ohne das Festhalten bestimmter Daten und des Erinnerns an historische Ereignisse würde die Geschichte im Nebel der Vergangenheit versinken. Geschichte lebt in Geschichten, die wir uns erzählen. Und diese Geschichten wollen helfen, die Gegenwart zu verstehen und die Angst vor der Zukunft zu nehmen. Eine solche Geschichte ist der Predigttext für heute. Da lesen wir im 2. Buch Mose, in Kapitel 16:

„Die Israeliten zogen von Elim weiter. Am 15. Tag des 2. Monats nachdem sie Ägypten verlassen hatten, erreichten sie die Wüste Sin, die zwischen Elim und dem Berg Sinai liegt. Bald fingen die Israeliten wieder an, sich bei Mose und Aaron zu beschweren. Sie stöhnten: »Ach, hätte der Herr uns doch in Ägypten sterben lassen! Dort hatten wir wenigstens Fleisch zu essen und genug Brot, um satt zu werden. Ihr habt uns doch nur in diese Wüste gebracht, damit wir alle verhungern!« Der Herr sprach zu Mose: »Ich habe die Klagen der Israeliten gehört. Darum sag ihnen: Heute Abend werdet ihr Fleisch zu essen bekommen und morgen früh so viel Brot, wie ihr braucht. Daran werdet ihr erkennen, dass ich der Herr, euer Gott, bin!« Am selben Abend zogen Schwärme von Wachteln heran und ließen sich überall im Lager nieder. Und am nächsten Morgen lag Tau rings um das Lager. Als er

verdunstet war, blieben auf dem Wüstenboden feine Körner zurück, die aussahen wie Reif. Die Israeliten entdeckten sie und fragten sich: »Was ist das bloß?« Nie zuvor hatten sie so etwas gesehen. Mose erklärte ihnen: »Dies ist das Brot, das euch der Herr zu essen gibt. Der Herr hat angeordnet: Jeder von euch soll so viel sammeln, wie er für seine Familie braucht, ein Krug von zweieinhalb Litern für jede Person, die in seinem Zelt lebt.« Die Israeliten hielten sich daran und lasen die Körner auf, einer mehr, der andere weniger. Doch als sie es zu Hause maßen, hatte der nicht zu viel, der viel eingesammelt hatte, und wer nur wenig aufgelesen hatte, dem fehlte nichts. Jeder hatte genauso viel, wie er brauchte." (2. Mose 16,1-3+11-18)

Diese Geschichte reicht weit in die Anfangszeit Israels zurück. Aufgeschrieben jedoch wurde sie Jahrhunderte später, nämlich als sich die einstigen Bewohner Jerusalems in ähnlich dramatischer Situation befanden. Die Vorherrschaft der Babylonier im alten Orient bröckelte. Eine neue Supermacht dehnt seine Grenzen immer weiter aus. Das persische Großreich ist im kommen. Für die in Babylon im Exil lebenden Israeliten ist das ein Glücksumstand – sollten wir denken. Denn der Perserkönig Kyros kündet das Ende der Gefangenschaft an. Doch nur zögerlich kehren die Menschen nach Jerusalem und Judäa zurück. Sie sind frei, doch was erwartet sie?

Die schöne stolze Stadt ist zerstört. In den Ruinen hausen Fremde. Der Tempel als Ort der Gottesverehrung ist ausgeraubt und verwüstet. Die Äcker sind verwildert, die Dörfer niedergebrannt. Denen, die dieses Land nur aus den Erzählungen und den Liedern der Alten kannten, bietet sich ein Bild des Grauens. Kriege hinterlassen immer schreckliche Spuren.

Wie kann, wie soll sich da ein Neuanfang gestalten? Die Freude über die geschenkte Freiheit droht in kollektiver Depression zu ersticken. Der Glaube an den Gott der Väter verflüchtigt sich in Enttäuschung und Resignation. Die gegenwärtige Lage wird als hoffnungslos und aussichtslos erlebt. Da gibt es nichts mehr, was dem Leben noch Sinn geben könnte.

Aber genau in diese trostlose Situation erzählt die so genannte Priesterschrift um 500 v. Chr. die alte Geschichte von den Anfängen Israels und der wunderbaren Herausführung aus der Knechtschaft in Ägypten. Es wird erinnert, wie es den Vorvätern erging auf ihrem Weg in die Freiheit; wie sie immer wieder eingebrochen waren in ihrem Vertrauen zu dem Gott, der sie aus der Hand der Ägypter gerettet hatte.

Interessant dabei ist, dass diese Geschichte mit einem Datum beginnt, das aufhorchen lässt: *„Am 15. Tag des 2. Monats nachdem sie Ägypten verlassen hatten..."* Das bedeutet: Gerade mal sechs Wochen waren die Menschen auf dem Weg zwischen Sklavenarbeit und dem verheißenen Land der Freiheit. Und nun gibt es Versorgungsengpässe - wie kann es in der Wüste anders sein - und schon scheinen die Strapazen, Erniedrigungen und Qualen von 430 Jahren Knechtschaft vergessen zu sein. Die augenblickliche Lage wird als lebensbedrohlicher wahrgenommen als alles, was zuvor jemals gewesen war. Genau das gleiche Gefühl hatten die Menschen, die aus Babylon nach Jerusalem zurückgekehrt waren. Sechs Wochen - dann ist es mit der Geduld zu Ende. Sechs Wochen - das ist die Spanne der Sommerferien - reichen aus, um vergessen zu haben, unter welcher Voraussetzung man denn überhaupt aufgebrochen war.

Unmittelbar zuvor hatten die gleichen Menschen, die jetzt vor Mose und Aaron ihre Not klagen, gejubelt und getanzt, gesungen und gefeiert. Sie hatten erlebt, wie durch Gottes Eingreifen ihre Widersacher in die Flucht geschlagen und vernichtet wurden. Sie waren das Joch der Sklaverei wirklich los. Ihr Gott hatte sich als mächtig und stark erwiesen.

Wie kurzatmig aber das Vertrauen in diesen Gott war, zeigt nun unsere Geschichte: *„Am 15. Tag des 2. Monats nachdem sie Ägypten verlassen hatten, erreichten sie die Wüste Sin, die zwischen Elim und dem Berg Sinai liegt. Bald fingen die Israeliten wieder an, sich bei Mose und Aaron zu beschweren. Sie stöhnten: »Ach, hätte der Herr uns doch in Ägypten sterben lassen! Dort hatten wir wenigstens Fleisch zu essen und genug Brot, um satt zu werden. Ihr habt uns doch nur in diese Wüste gebracht, damit wir alle verhungern!«"* (2. Mose 16,1-3)

Den Menschen fehlt es am Notwendigsten: das tägliche Brot. Wo ist Gott jetzt, der doch zugesagt hatte, für uns zu sorgen? - ist die bohrende Frage. Mose und Aaron kriegen die Schelte ab mit harten Vorwürfen. Gemeint aber ist Gott, der die Menschen hier in der Wüste zu vergessen scheint und verrecken lässt. Menschen, deren Magen knurrt, sind nicht fähig zum Lobpreis Gottes.

Und Gott? Der hört das Klagen, sieht die Not und handelt: *„Der Herr sprach zu Mose: »Ich habe die Klagen der Israeliten gehört. Darum sag ihnen: Heute Abend werdet ihr Fleisch zu essen bekommen und morgen früh so viel Brot, wie ihr braucht. Daran werdet ihr erkennen, dass ich der Herr, euer Gott, bin!«* (2. Mose 16,11)

Sicher ist das kein Automatismus. Wie viele Gebete sind unerhört geblieben? Aber diese Geschichte erzählt davon, dass Gott für seine Menschen sorgen will, dass sie täglich Brot haben. *„Jeder hatte genau so viel, wie er brauchte"* – heißt es am Ende. Und darin machen die Menschen eine neue Gotteserfahrung. Ihr Gott ist nicht nur ein Gott, der streitet und kämpft, nicht nur ein Kriegsgott, sondern ein fürsorglicher Gott, der sich über dieses Volk erbarmt, wie sich ein Vater über Kinder erbarmt. Es ist ja wichtig für uns zu wissen, dass wir versorgt sind; dass im Alter für uns gesorgt wird. Dafür gibt's die Rente, die Krankenkasse und die Pflegedienste.

Mit dieser alten Geschichte soll den verzweifelten und verzagten Heimkehrern in Jerusalem Mut gemacht werden: Denkt an die, die aus Ägypten geflohen waren. In der Wüste, dem lebensfeindlichen Ort, wurden sie von Gott versorgt. Traut ihm, er wird auch für euch sorgen. Und in dieses Vertrauen, dass Gott für sie sorgen wird, auch wenn ihre Hände ruhen, üben sich die Juden bis heute. An jedem Sabbat, dem wöchentlichen Feier- und Ruhetag, gedenken fromme wie nichtfromme Juden der alten Geschichte vom Auszug aus Ägypten und preisen ihren Gott für die Wohltaten des täglichen Brotes, der Freiheit und der Ruhe.

Es war eine große soziale Errungenschaft, dass ein Volk erkennt, dass pausenloses Schuften Menschen und Tiere kaputt macht. Wir brauchen diesen einen Tag der Ruhe, des Innehaltens, um wieder bei uns selbst anzukommen. Und da im Judentum der Tag mit dem Abend beginnt, ist es ein guter Brauch, den Sabbat mit einem Fest in der Familie zu begrüßen. Dazu gibt es das so genannte „Sedermahl".

Nach uraltem Brauch wird dieses Fest in Familien und mit Freunden gefeiert. Das jüngste Kind der Familie fragt: „Warum ist diese Nacht anders als andere Nächte?" Der Vater antwortet darauf, indem er die alte Geschichte vom Auszug aus Ägypten erzählt. Der Sederbecher wird mehrmals mit gesprochenen Segensworten herumgereicht. Und mit alten Volksliedern wird das Festmahl beschlossen.

„Mehr als Israel den Sabbat gehalten hat, hat der Sabbat Israel gehalten" - hatte der jüdische Philosoph Achad Ha-Am gesagt. Die Einhaltung der Sabbatruhe hat die Juden in der Welt davor bewahrt, sich als Volk unter den Völkern aufzulösen.

Die Christen haben von Anfang an, auch in Abgrenzung zu den Juden, den Sonntag zu ihrem Feiertag erkoren als den Tag der Auferstehung Jesu. Vom Halten der Sonntagsruhe ist in unserem Land jedoch nicht mehr viel geblieben. Laute Partys, große Events und unzählige Sportveranstaltungen locken Sonntag für Sonntag viele Menschen auf Straßen und Plätze. Immer mehr Geschäfte sind offen und verführen zum Schoppen. Auf den Feldern dröhnen Traktoren und Erntemaschinen und in den Produktionshallen dürfen die Fließbänder nicht stille stehen. Was Menschen einst zur Erleichterung ihrer Arbeit erfunden und entwickelt hatten, zwingt nun die Menschen um der Effektivität willen zu ununterbrochener Arbeit. Da haben sich wesentliche Dinge verkehrt.

Nur freie Menschen haben die Freiheit, den Tag der Ruhe zu genießen und in Würde zu feiern. Dazu wollen uns die alten Geschichten der Bibel ermutigen und anleiten. Amen.

Das Tägliche für Heute

Predigt zu Erntedank 2014

Liebe Gemeinde!

Der Kreiskirchentag vor wenigen Wochen in Eilenburg hatte das Thema: „UNSER TÄGLICHES...GIB UNS HEUTE". Natürlich war dieses Thema angelehnt an die Bitte um Brot im Vaterunser. Aber der Vorbereitungsgruppe war wichtig, die Überschrift bewusst offen zu halten auf das hin, was Menschen hoffen und meinen, dass sie zum Leben brauchen. Denn auch darin können wir uns auf den Mann aus Nazareth berufen, der sagte: *„Der Mensch lebt nicht vom Brot allein ..."* (Matthäus 4,4)

Sicher, die Brotfrage war wohl zu Jesu Zeiten eine der wichtigsten Fragen im alltäglichen Überlebenskampf und ist es ja für viele Menschen auf der Welt bis heute geblieben. Jeder achte Erdenbürger geht abends hungrig zu Bett und in jeder Stunde sterben 331 Kinder unter fünf Jahren an den Folgen von Unterernährung. Für all diese Menschen ist die Frage nach Brot, nach wenigstens einer Mahlzeit am Tag, die wichtigste Frage des Lebens.

Für uns hier in Mitteleuropa stellt sich diese Frage so nicht. Da gibt es eher viele Wünsche und Bedürfnisse, von denen wir meinen, dass sie zum Leben gehören, dass wir sie bräuchten, ja, vielleicht sogar einen Anspruch darauf hätten. Dies hatten wir versucht, mit den vielen kleinen Bildern auf dem Kirchentagsplakat darzustellen. Aber die Bedürfnisse und Ansprüche ans Leben und an das, was Menschen meinen, dass sie so unbedingt zum Leben bräuchten, sind ja doch sehr verschieden.

Schon die Auslegung der neutestamentlichen Bitte im Vaterunser lässt sich so interpretieren, dass sie nicht nur Essen und Trinken meint. *„Gib uns das, was wir heute zum Leben notwendig brauchen"* (Matthäus 6,11) - umschließt das Leben in all seinen Bezügen und Beziehungsfeldern. Da kann einer genug zu essen haben, ist aber arm an Beziehungen, arm an Liebe und Zuwendung, arm an Gespräch, dann fehlt diesem Menschen Entscheidendes zum Leben.

Und wenn wir auf die Krisenregionen der Erde schauen, dann müssen wir uns angesichts des Leids und der ungelösten Probleme unzähliger Menschenmassen unsere Hilflosigkeit eingestehen. Wahrscheinlich muss die

Türkei in den nächsten Tagen und Wochen mit 400.000 syrischen Flüchtlingen rechnen. Was brauchen die wichtiger zum Leben als ein Dach überm Kopf und eine stabile Grundversorgung?

Oder denken wir an die Menschen in Westafrika, die sich vor dem Ebola-Virus nicht schützen können. Warum tut sich die Weltgemeinschaft so schwer, diesen Menschen schnell und unkompliziert zu helfen und dafür zu sorgen, dass die Epidemie eingedämmt wird?

Oder fragen wir: Was brauchen die Menschen in Gaza-Stadt, in Palästina und Israel, im Libanon, in Afghanistan und Somalia, im Sudan und in Nigeria wichtiger als Frieden im Land?

Zum ersten Mal wurde bei einem Kreiskirchentag in unserer Region das Thema für die Kirchentagsbesucher nicht in einer Bibelarbeit entfaltet, sondern in einer Podiumsdiskussion. Dazu hatten wir vier Gesprächsteilnehmer eingeladen: Frau R. aus Naumburg als Unternehmerin, Herrn Dr. B. aus Halle als Mitglied des Bundestages, Pfarrer Dr. S. aus Brandis als Vorsitzender der „Aktion Kirche und Tiere e.V." und Bruder Martin aus Wilsdruff von der Stiftung „Leben und Arbeit". Alle vier sind engagierte Christen und wollen mit ihren Gaben und Fähigkeiten in ihren Berufungen helfen, die Gesellschaft zumindest in kleinen Schritten friedvoller und menschenfreundlicher zu gestalten.

Frau R. zum Beispiel, die erst mit 28 Jahren zum christlichen Glauben gefunden hatte, hat sich als Lebensmotto gewählt: *„Befiehl dem Herrn deine Wege und hoffe auf ihn, er wird's wohl machen."* (Psalm 37,5) In diesem Psalmwort findet sie immer wieder für sich selbst wie auch für andere Menschen Trost in schwierigen Lebenssituationen.

Dr. B., gefragt nach seinem Lebensmotto, antwortete mit einem Jesuswort: „Was du willst, dass man dir Tue, dass tu anderen auch." (Matthäus 7,12) Diesen Leitsatz in der großen wie kleinen Politik zu beherzigen, ist für ihn eine tägliche Herausforderung auch in dem Wissen, dass wir bei allem guten Wollen an Menschen schuldig werden.

Und Bruder Martin - ehemaliger Bruder der evangelischen Kommunität der Christusträger im Kloster Triefenstein, sieht jetzt als Vorstand der Stiftung „Leben und Arbeit" seine Aufgabe vor allem darin, jungen Menschen aus schwierigen sozialen Verhältnissen eine Chance zu bieten.

Mit der Möglichkeit in Lebensgemeinschaft zu wohnen und durch eine begleitete Berufsausbildung sollen sie ihren eigenen Weg ins Leben finden.

Pfarrer Dr. S. schließlich sagte sehr deutlich, dass die Menschheit als ganze vom hohen Ross herunter kommen muss, sollen künftige Generationen noch eine angemessene Überlebenschance haben. Der Mensch ist ja im Entwicklungsstammbaum ein sehr später Spross. Gäbe es die Tiere nicht, dann gäbe es uns auch nicht. Wir sind nicht die Krone der Schöpfung, sondern stehen in der Pflicht, allen Mitgeschöpfen, die eine viel längere Daseinsberechtigung auf der Erde haben als wir, in gleicher Würde zu begegnen, wie wir sie für uns in Anspruch nehmen. Sein Lebensmotto ist ein Wort von Albert Schweitzer und heißt: *„Ich bin Leben, das Leben will inmitten von Leben, das Leben will."*

„Das Brot, das wir brauchen, gib uns heute" - heißt es in der Bibel in gerechter Sprache. Und da ist Brot Synonym für all die Dinge, die Menschen zum Leben so Not wendend brauchen wie Frieden und Gesundheit, wie freundliche Zuwendung und verbindendes Gespräch.

Wenn wir unsere Blicke immer wieder dahin lenken und wirklich wahrnehmen, was so vielen Menschen an lebensnotwendigen, existentiellen Dingen im Alltäglichen fehlt, werden wir vielleicht bescheidener in unseren eigenen Ansprüchen ans Leben und hoffentlich dankbarer für die Fülle des Lebens, aus der wir tagtäglich schöpfen. Denn nichts von dem, was wir so selbstverständlich und oft auch gedankenlos ge- und verbrauchen, ist selbstverständlich. Alles und zu jeder Zeit ist es Gabe Gottes, ist gnädige Zuwendung dessen, von dem wir das Leben haben und zu dem hin sich dieses Leben wieder wandeln wird.

Das heißt ja nicht, dass wir nun ständig ein schlechtes Gewissen haben sollten ob unserer Wünsche ans Leben. Aber dass wir bewusster leben, mit Freude und Dankbarkeit die Dinge des Alltäglichen annehmen und darüber die Menschen nicht vergessen, denen es am Nötigsten mangelt. Dann kommen wir dem Anliegen Jesu in der Vaterunserbitte und dem Willen Gottes für alle Menschen sehr nahe. Und dazu möchte ich Sie ermutigen. Amen.

Die andere Seite Gottes

Predigt über 2. Mose 32,26-29 und 34,1-10

Liebe Gemeinde!

Vor 100 Jahren war nicht nur der Beginn des 1. Weltkrieges, sondern auch der Beginn des Völkermordes an den Armeniern im Gebiet der heutigen Türkei. Über eine Million Männer, Frauen und Kinder fielen diesem religiös motivierten Fanatismus in den Jahren 1914 / 1915 zum Opfer. Weitere 500.000 Armenier konnten fliehen und sich so in Sicherheit bringen. Bis heute ist es in der Türkei unter Strafe verboten, dieses grausige Abschlachten als Völkermord zu benennen.

Nur 23 Jahre später begann mit der Reichsprogromnacht am 9. November 1938 die systematische Ausrottung der jüdischen Bevölkerung im Deutschen Reich und in weiten Teilen Europas. Eine ideologisch untermauerte Verblendung führte dazu, dass ein ganzes Volk diesem Morden ohne eigene Schuldgefühle zusah. Am Ende waren es 6 Millionen Männer, Frauen und Kinder, die durch die perfide Tötungsmaschinerie der Nazis umgebracht wurden. Und dabei konnten sich die Todesschwadronen noch auf den einzigen deutschen Heiligen des Protestantismus berufen: auf Martin Luther, der in seinen späten Jahren nach 1535 zu einem erbitterten Judenhasser geworden war.

Die Welt scheint aus den Fugen geraten zu sein. In immer größerem Maße werden in vielen Teilen der Erde ethnische und / oder religiöse Minderheiten verfolgt, hingerichtet und vertrieben. Religiöser Fanatismus gepaart mit Weltmachtsansprüchen schreckt vor keiner Grausamkeit zurück. Das hatten schon die christlich geführten Kreuzzüge im Mittelalter gezeigt.

Wie kann dem begegnet werden? Ich glaube, dass der offene und selbstkritische Umgang mit der eigenen Geschichte der angemessene und vielleicht auch einzig richtige Weg ist, für die Zukunft solche Greueltaten zu verhindern. Das setzt natürlich die Bereitschaft voraus, sich auch den dunklen Kapiteln und den schwarzen Flecken der eigenen Geschichte zu stellen und diese nicht zu verdrängen, wie es z. B. in der Türkei im Blick auf die Armenier oder in Russland im Umgang mit den Opfern des Stalinismus immer noch geschieht.

Im Umfeld des Predigttextes für heute finden wir im 2. Buch Mose eine kurze Notiz, die zeigt, dass sogar Mose, der Mann Gottes, sich zu einer solch religiös motivierten Greueltat hatte hinreißen lassen. Ich kann den Zusammenhang nur kurz umreißen: Die aus Ägypten geflohenen Hebräer kommen an den Berg Sinai. Dort will Gott mit ihnen einen ewigen Bund schließen. Mose empfängt auf dem Berg von Gott die Tafeln mit den 10 Sätzen als Weisungen für das Zusammenleben.

Indessen wächst die Unruhe im Lager der Hebräer am Fuße des Berges und die Menschen drängen Aaron, den älteren Bruder des Mose, ihnen einen sichtbaren Gott zu schaffen. So entsteht das Goldene Stierbild als Zeichen von Kraft und Stärke. In wildem Enthusiasmus tanzen die Menschen um ihren neuen Gott. Da kommt Mose mit den Geboten Gottes vom Berg zurück. In seinem Zorn über dieses Volk zertrümmert er die Steintafeln, die er ja gerade aus den Händen Gottes empfangen hatte, zerstört das Stierbild und gibt den Goldstaub den Menschen zu trinken.

Bis dahin ist vielleicht für uns alles noch nachvollziehbar. Aber dann passiert etwas, das den Atem stocken lässt. Ich lese aus Kapitel 32:

„Mose stellte sich an den Eingang des Lagers und rief: »Wer noch zum Herrn gehört, soll zu mir kommen!« Da versammelten sich alle Leviten bei ihm. Er sagte zu ihnen: »Der Herr, der Gott Israels, befiehlt euch: ›Legt eure Schwerter an, und geht durch das ganze Lager, von einem Ende zum anderen. Jeder soll seinen Bruder, seinen Freund oder Verwandten töten!‹« Die Leviten gehorchten, und an diesem Tag starben etwa dreitausend Männer. Mose sagte zu den Leviten: »Heute seid ihr für den Dienst des Herrn geweiht worden, denn ihr wart sogar bereit, eure eigenen Söhne und Brüder zu töten. Darum wird der Herr euch segnen!«“ (2. Mose 32,26-29)

Nirgendwo in der Bibel lesen wir, dass Mose von Gott zu diesem Abschlachten der eigenen Leute beauftragt worden war. In seiner Wut über das halsstarrige Volk und als Eiferer für die gerechte Sache Gottes erhebt sich Mose hier an die Stelle Gottes und spricht über Tausende das Todesurteil. Und die Mörder werden gesegnet. Unglaublich, dass so etwas in der Bibel steht. Menschen mit besonderen Führungsqualitäten stehen nicht selten in der Gefahr, über ihre Beauftragung hinaus selbstherrlich zu entscheiden und zu handeln. Sie maßen sich an, wie Gott zu sein.

Natürlich ist diese Schilderung aus dem zweiten Buch Mose kein Artikel aus der aktuellen Tagespresse um 1250 vor Christus, sondern nachträgliche Deutung der Geschichte Israels. Die jüdischen Theologen im fünften vorchristlichen Jahrhundert hatten die schwierige Aufgabe, nach der Zerstörung Jerusalems und des Tempels im Jahr 583 v. Chr. den Menschen in der babylonischen Gefangenschaft zu erklären, dass die Schuld für diese Katastrophe nicht bei anderen zu suchen ist, sondern Folge eigenen Handelns ist.

Aber noch viel wichtiger war zu zeigen, dass ihr Gott Jahwe sie trotz dieser Katastrophe und der Wegführung nach Babylon nicht verlassen hatte. Und dies geschieht, indem daran erinnert wird, wie Gott nach dem Abfall mit dem Goldenen Stierbild und der Greueltat des Mose seinen Bundeswillen mit den Menschen erneuert und bekräftigt. Ich lese aus 2. Mose, Kapitel 34:

„Der Herr befahl Mose: »Meißle dir zwei Steintafeln zurecht wie die ersten beiden, die du zerschmettert hast! Dann will ich noch einmal dieselben Worte darauf schreiben. Mach dich bereit, morgen früh auf den Berg Sinai zu steigen! Stell dich dort auf dem Gipfel vor mich hin! Keiner darf dich begleiten, auf dem ganzen Berg darf sich niemand sonst sehen lassen. Auch keine Schafe, Ziegen oder Rinder dürfen am Fuß des Berges weiden.« Mose fertigte zwei neue Steintafeln an, die wie die ersten aussahen. Früh am Morgen stand er auf und stieg auf den Berg Sinai, wie der Herr es ihm befohlen hatte. In seinen Händen hielt er die beiden Steintafeln. Da kam der Herr in der Wolke herab, trat zu Mose und rief seinen Namen »der Herr« aus. Er zog an Mose vorüber und rief: »Ich bin der Herr, der barmherzige und gnädige Gott. Meine Geduld ist groß, meine Liebe und Treue kennen kein Ende! Ich lasse Menschen meine Liebe erfahren über Tausende von Generationen. Ich vergebe die Schuld und die Bosheit derer, die sich gegen mich aufgelehnt haben, doch ich strafe auch. Wenn jemand mich verachtet, dann muss er die Folgen tragen, und nicht nur er, sondern auch seine Kinder, Enkel und Urenkel!« Schnell warf Mose sich zu Boden und betete den Herrn an: »Herr, wenn ich wirklich in deiner Gunst stehe, dann zieh bitte mit uns, obwohl dieses Volk so starrsinnig ist! Vergib uns unsere Schuld, und lass uns wieder zu dir gehören!« Der Herr antwortete: »Ich schließe einen Bund mit euch. Vor den Augen deines ganzen Volkes will ich Wunder vollbringen, wie

sie bisher bei keinem Volk auf der Welt geschehen sind. Wenn die Israeliten sehen, was ich mit dir tue, werden sie große Ehrfurcht vor mir haben!"

(2. Mose 34,1-10)

Die Gottheit mit dem schwer zu deutenden Namen „Jahwe", „Ich-Bin-Da" offenbart sich dem Mose in neuer Weise. Diese bisher als streitbar und kämpferisch erfahrene Gottheit hat auch noch eine andere Seite: *„Ein mitfühlender, gnädiger Gott bin ich, langmütig, treu und wahrhaftig...ich bin bereit, Schuld, Verirrungen und Verfehlungen zu vergeben."* (2. Mose 34,6f)

Hier zeigt sich die wahre Seite des Gottes, dem wir das Leben zu danken haben. Schon indem dieser Gott Mose beauftragt, neue Steintafeln für die Gebote anzufertigen wird deutlich, dass ER seine Menschen nicht einfach fallen lässt und dem Untergang preis gibt. Dass Gott überhaupt noch mit Mose redet, ist schon Zeichen seiner Vergebungsbereitschaft und seiner Entschlossenheit, die Menschen sich nicht selbst zu überlassen. Denn das wäre die Hölle.

Der Friedenswille Gottes für uns Menschen kommt hier zum Zuge. Dabei wird von Menschen begangenes Unrecht und die dadurch entstandene Schuld nicht verschwiegen. Schuld wird nicht aus der Welt geräumt, indem sie verdrängt oder verschwiegen wird. Schuld kann nur durch Vergebung aufgehoben werden. Jemandem die Schuld für erlittenes Unrecht zu vergeben ist ein äußerst aktiver Vorgang, denn beide Parteien müssen den Schmerz des Unrechts zulassen. Und nur der, dem Unrecht widerfahren ist, hat das Recht, Vergebung auszusprechen. Das fällt uns nicht leicht, denn Vergebung heißt: Nun steht nichts mehr zwischen dir und mir.

So jedenfalls wird es von Gott, von dem „Ich-Bin-Da" in dieser Geschichte erzählt, der seinen Menschen eine zweite Chance bietet, der ihnen nahe und zugewandt bleibt trotz Schuld und Versagen. Diese Botschaft brauchten die Menschen in der babylonischen Gefangenschaft, um im Elend der Sklaverei überleben zu können.

Für uns heute ist es gut zu wissen, dass wir nicht in einer gottlosen Welt leben, sondern dass da ein Gott ist, ein „Ich-Bin-Da", der oder die uns zugewandt bleibt auch und gerade angesichts der vielen Ungerechtigkeiten und Greueltaten auf dieser Erde. Es bleibt sein Wille für uns, dass Menschen in Frieden miteinander leben, auch wenn sie diese eine einzige Gottheit auf unterschiedliche Weise erfahren und ihr verschiedene Namen geben.

Dies zu begreifen und in fruchtbares Handeln umzusetzen, wird wohl zur größten Herausforderung für die Völker und Religionsgemeinschaften in diesem Jahrhundert werden. Und dazu muss dann auch jeder und jede seinen bzw. ihren ganz persönlichen Beitrag leisten im Namen des „Ich-Bin-Da“ für alle Menschen. Amen.

Kirche Löbnitz, Figur des Mose an der Kanzel von 1629

Es geht ums Kerngeschäft

Predigt für Ewigkeitssonntag über 2. Petrus 3,8-13

Liebe Gemeinde!

Gleich zu Beginn lese ich uns den für heute vorgeschlagenen Predigttext und bitte Sie, aufmerksam zuzuhören:

„Doch eins dürft ihr dabei nicht vergessen, liebe Freunde: Was für uns ein Tag ist, das ist für Gott wie tausend Jahre; und was für uns tausend Jahre sind, das ist für ihn wie ein Tag. Wenn manche also behaupten, Gott würde seine Zusage nicht einhalten, dann stimmt das einfach nicht. Gott kann sein Versprechen jederzeit einlösen. Aber er hat Geduld mit euch und will nicht, dass auch nur einer von euch verloren geht. Jeder soll Gelegenheit haben, zu Gott umzukehren. Doch der Tag, an dem der Herr sein Urteil spricht, wird so plötzlich und unerwartet da sein wie ein Dieb. Krachend werden dann die Himmel zerbersten, die Elemente werden sich auflösen und im Feuer verglühen, und die Erde wird verbrennen mit allem, was auf ihr ist. Wenn aber alles in dieser Weise zugrunde gehen wird, müsst ihr euch erst recht darauf vorbereiten, das heißt, ihr müsst ein Leben führen, das Gott gefällt und allein auf ihn ausgerichtet ist. So erwartet ihr diesen Tag, an dem Gott kommt, und tut alles dazu, dass er nicht mehr lange auf sich warten lässt. Dann werden die Himmel im Feuer verbrennen und die Elemente in der Glut zerschmelzen. Wir alle aber warten auf den neuen Himmel und die neue Erde, die Gott uns zugesagt hat. Wir warten auf diese neue Welt, in der es endlich Gerechtigkeit gibt.“ (2. Petrusbrief, 3,8-13)

Das kann doch in Wahrheit niemand wirklich wollen, was da an Schrekkensbildern gemalt wird. Menschen, die von Feuer aus der Erde heimgesucht werden, wie es seit Wochen schon auf einer der Hawaiinseln geschieht, versuchen, sich rechtzeitig in Sicherheit zu bringen. Nur von Ferne können sie mit ansehen, wie die heißen Lavaströme alles vernichten, was ihnen einmal Heimat war.

Oder denken wir an die Menschen, über die das Feuer vom Himmel im Bombenhagel kommt und ihre Städte und Dörfer in Trümmerhaufen verwandelt. Nein, wirklich wollen kann das niemand, was uns da zu bedenken aufgegeben ist.

Theoretisch ist es möglich, dass Menschen die Erde in einen glühenden Feuerball verwandeln können und somit alles Leben ausgelöscht wird. Die immer noch gelagerten atomaren Sprengköpfe reichen aus, um die Erde gleich mehrfach zu zerstören. Und wie krank müssen Hirne sein, die Szenarien durchspielen, in denen die Erde vom Weltraum aus mit atomaren Waffen beschossen wird. Natürlich erst, nachdem sich die Weltenrichter auf dem Mars eine sichere Lebensgrundlage geschaffen haben.

Diese apokalyptischen Bilder, die ja im letzten Buch der Bibel noch viel ausführlicher beschrieben werden, entstammen der vorchristlichen Gerichtsprophetie und einer dualistischen Weltsicht. Das heißt: Gott ist nicht in der Welt, sondern von der Welt getrennt, ihr quasi gegenüber. Als unbestechlicher Richter beobachtet er das Tun aller Menschen. Jeder wird am Ende seine Strafe empfangen. Wenn aber das Maß an Schlechtigkeiten über Hand nimmt, dann wird die ganze Erde weggepustet und Gott schafft sich eine neue Welt, *„in der es endlich Gerechtigkeit gibt"*, wie es ganz am Schluss unseres Textes heißt.

Auf diesen Tag hin sollen die Briefempfänger zuleben, ihn sollen sie herbeisehnen. Kein Mensch aber wird diesen Tag überleben, wenn die Himmel zusammenstürzen und die Erde sich in einen glühenden Feuerball verwandelt. Noch einmal: Niemand kann wirklich wollen, dass es mit uns Menschen so zu Ende geht und auch dann noch glauben, dass die Frommen diese Katastrophe überleben und sich eine neue Welt bauen.

Sicher, wir alle warten auf eine Welt, in der es endlich Frieden und Gerechtigkeit geben wird. Wir sehnen uns danach, weil wir am Zustand der Welt, so wie sie ist, leiden. Die Unfähigkeit, Frieden zu schaffen und dafür zu sorgen, dass alle Menschen in Frieden leben und genug zu essen haben, kann einem schon den Lebensmut nehmen und die Hoffnung rauben, dass es jemals besser werden wird.

Der Hintergrund, auf dem diese apokalyptischen Bilder entstanden sind, ist der Traum vom Paradies, ist die Sehnsucht nach der heilen Welt. Das Paradies aber, wie am Anfang der Bibel erzählt, hatte es nie gegeben und wird es auch nie geben, solange Menschen auf der Erde leben. Aber die Sehnsucht nach dem Paradies, das Verlangen nach einem Leben in Frieden und Harmonie, steckt in uns allen.

Neid, Gier, Missgunst und Machtstreben jedoch hindern uns daran, wirklich in diese ausgeglichene Lebensform zu finden. Die Menschen haben sich selbst wie auch das Zusammenleben in Familienverbänden und Dorfgemeinschaften immer als brüchig, verletzlich und bedroht wahrgenommen. Alle Versuche, eine kleine heile Welt zu schaffen, sind gescheitert. Und die kommunistische Idee von der Gleichheit aller Menschen und der klassenlosen Gesellschaft ist Utopie geblieben. Ja, selbst in der urchristlichen Gemeinde ging es nicht ohne Spannungen, Konflikte und Trennungsbrüche zu. Das Paradies auf Erden ist keine machbare Größe. Es wird immer ein schöner Traum bleiben.

Weil aber das Leben allzu oft so ungerecht und unerträglich war und ist, haben sich Menschen in den Traum vom Paradies geflüchtet und sich an der Hoffnung aufgerichtet, dass es einmal besser werden möge. Die Christen am Ende des ersten Jahrhunderts litten in weiten Teilen des römischen Reiches unter schweren Verfolgungen wie auch heute Christen im Irak, in Syrien und weiteren 40 Ländern der Erde bedroht und bedrängt werden. Der Ausblick auf eine neue Welt, auf ein künftiges Paradies, gab und gibt ihnen die Kraft, im Glauben standhaft zu bleiben. Um dieser Ermutigung im Glauben willen ist die „Offenbarung des Johannes" geschrieben worden.

Gott aber hat sich doch nicht aus der Welt, aus seiner Schöpfung verabschiedet. Gerade das will uns ja das Evangelium von der freien Gnade und der voraussetzungslosen Liebe Gottes zu allen Menschen lehren. *„Gott ist euch nicht ferne",* hatte Jesus verkündet, *„sondern das Reich Gottes ist hier mitten unter euch".* (Lukas 17,21) Ihr müsst es nur wahrnehmen und darauf vertrauen, dass da ein Gott ist, der euch gut ist; der mit euch in Beziehung treten will und der will, dass Leben gelingt und sich in Freiheit entfalten kann.

Gottes Dimensionen sind andere, als wir sie oft in kleinkarierter Weise beschreiben und festlegen wollen. In seiner Argumentation beruft sich der Schreiber des Briefes auf den Psalm 90 der hebräischen Bibel, wenn er hier schreibt: *„Was für uns ein Tag ist, das ist für Gott wie tausend Jahre; und was für uns tausend Jahre sind, das ist für ihn wie ein Tag."* (Psalm 90, 8)

Nur der zweite Teil dieses Satzes aber ist Zitat aus dem Alten Testament. Dort geht es um das Staunen über die unermessliche Größe Gottes.

Weil Gott von Ewigkeit her war und in Ewigkeit sein wird, sind für ihn die uns prägenden oder auch ängstigen Zeitabschnitte nur Augenblicke seiner Unendlichkeit. Wir können immer nur zwischen Anfang und Ende denken und leiden ja auch oft genug an den uns gesetzten Grenzen. Gott jedoch schaut nicht der Länge nach auf die vergehende Zeit, wie wir Menschen das tun. Sein Blick ist anders, von oben her oder quer, jedenfalls so, dass er alle Zeit auf einmal anschaut. Deshalb heißt es in dem alten Lied: *„Tausend Jahre sind in deinen Augen wie der gestrige Tag, wenn er vorübergezogen ist – einer Nachtwache gleich."* (Psalm 90,4)

Das ist ein Wort des Trostes und will sagen: Egal wie kurz oder lang das Leben eines Menschen ist, es wird von Gott gesehen, von ihm angenommen und ist bei ihm aufgehoben und geborgen, weil es zu einem Teil seiner Unendlichkeit geworden ist. Unsere irdische Begrenztheit ist nicht alles, was unser Leben ausmacht. Das sollen wir nicht vergessen.

Eins aber ist uns aufgetragen vom Evangelium her, nämlich dass wir uns gerade nicht in das Paradies hineinträumen und die Welt sich selbst überlassen. Vielmehr haben wir dem Ruf Jesu zu folgen und dafür zu sorgen, dass die Erde bewohnbar bleibt und Menschen in Frieden leben können; dass Armen und Kranken Hilfe zu teil wird und Sterbende hören, dass sie nicht ins Bodenlose stürzen.

Das ist das so genannte „Kerngeschäft" von Kirche und christlicher Gemeinde in der Gesellschaft, die so sehr an der Gottvergessenheit krankt. Und vielleicht gelingt es uns je und dann in kleinen Ansätzen, Hoffnungszeichen einer neuen Welt aufzurichten, in der es wahrhaftig Frieden und Gerechtigkeit geben wird. Amen.

Schweige doch nicht und ruhe nicht, o Mensch

Predigt am 3. Advent über Mathäus 3,11+12 + 11,2-6

Liebe Gemeinde!
Wohin sind wir nur geraten mit unserem Demokratieverständnis? So muss man doch fragen dürfen angesichts der Tatsache, dass ein Lehrer einen behördlichen Bußgeldbescheid erhielt, weil er an einem städtischen Papierkorb einen Neonaziaufkleber übersprüht hatte. Den aber, der die Naziparole da drauf geklebt hatte, den scheint die Stadtverwaltung nicht zu interessieren. Wer schützt da wen?

Oder: Am 13. Februar 2010, dem jährlichen Gedenktag der Zerstörung Dresdens, bekamen die Neonazis die behördliche Genehmigung für eine Demo durch die Dresdener Altstadt. Tausende couragierte Bürger setzten sich mit einer Sitzblockade dagegen zur Wehr. Das friedlichste Mittel des Protestes gegenüber den demokratie- und verfassungsfeindlichen Parolen der Nazihorde aber wurde von der Polizei aus dem Weg geräumt, damit die braune Suppe weitermarschieren konnte. 2.180 Strafverfahren wurden eingeleitet gegen Staatsbürger, die nichts weiter unternommen hatten, als ihrer staatsbürgerlichen Pflicht nachzukommen, um für die Grundwerte unseres Landes, nämlich für Demokratie, Freiheit und Toleranz einzutreten.

Da muss man doch schon mal fragen dürfen, wohin sind wir in unserem Rechtssystem gelangt, wenn der Eindruck entsteht, dass Tätern und Demokratiefeinden größerer Schutz gewährt wird, als den Opfern? Die hochgelobte Unabhängigkeit der Justiz scheint auf tönernen Füßen zu stehen. Zu oft schon hatten sich Richter und Staatsanwälte in der deutschen Geschichte von Machthabern und von Menschen verachtenden Ideologien missbrauchen lassen, um das Recht zu beugen zu Gunsten einer kleinen Elite.

Da braucht es mutige Menschen aus dem Volk, wie den Schriftsteller Ralf Giodarno, der jetzt in diesen Tagen 91-jährig verstarb. Es braucht mutige Menschen wie den Pfarrer König aus Jena oder auch den ersten linken Ministerpräsidenten Bodo Ramelow oder die tausend Namenlosen, die sich der Etablierung rechter Parolen und rechten Gedankengutes widersetzen.

In einem kleinen Büchlein mit dem Titel „Adventlich leben“ fand ich zum dritten Advent folgenden Text von Wolfgang Dietrich:

„Das Wort sollte dreinfahren. Eine heilsame Unruhe komme auf. „Schweige doch nicht und ruhe nicht, o Gott!“ - Es gab ein Stillehalten in unserem Volk. Es gab ein Hinnehmen von Dingen, die nie hinzunehmen waren. Es gab Einwilligungen durch Schweigen. - Als sei das vermeintliche Schweigen Gottes die Stimme seiner Zustimmung. Als sei das Ausbleiben einer von oben kommenden Unruhe ein Gotteswink, nichts zu tun. Und doch ist dies möglich: dass das Reden von Menschen sich aufbäumt gegen das Schweigen Gottes. „Schweige doch nicht und ruhe nicht, o Gott!“ Muss denn Gott von Menschen überredet werden, sein Schweigen zu brechen? Ist denn das Schweigen Gottes nicht die unausgesprochene Aufforderung an Menschen, an seiner Stelle das Wort zu ergreifen? Sind nicht Weisungen des Einspruchs durch die Schriften hin ausgesprochen mit dem Drang, dass hörende Menschen sie wahrnehmen?
Es war ein „Heil“-Rufen im Land und ein „Führer“-Gebrüll im Radio. Das weigernde Schweigen wurde niedergebrüllt. Nur weinige fanden in Kirchen das unruhige Wort. - Die Verbrennungsöfen wurden hergestellt, und die Hersteller schwiegen. Die Abgeholten wurden in Güterwagen abtransportiert, und das Bahnpersonal schwieg. Die auf den Listen standen, wurden abgeholt, und die Nachbarn schwiegen. - Du sollst das tödliche Schweigen durchbrechen. Das ist das Gebot dieses Jahrhunderts. „Schweige doch nicht und ruhe nicht. O Mensch.“ (Wolfgang Dietrich, S. 47)

„Schweige doch nicht und ruhe nicht - o Mensch“ - das galt vor zweitausend Jahren für einen Mann, der uns unter dem Namen Johannes der Täufer bekannt ist. Johannes, Sohn des Priesters Zacharias und dessen Ehefrau Elisabeth war ein kompromissloser Streiter für den Gott Israels. In seinem sozialen Engagement, mit seiner Option für die Armen würden wir ihn heute vielleicht bei den Linken einordnen. Sein Eifer für Gott würde ihm eine Spitzenposition in der Partei bibeltreuer Christen einbringen.

Vielleicht aber würde er auch als religiöser Spinner abgetan werden; man würde ihn belächeln, nicht ohne einen gewissen Respekt vor seinem Mut, den Reichen und Mächtigen in aller Öffentlichkeit den Kampf anzusagen. Und eines Tages würde man ihn ganz wegsperren, weil er zu unbequem geworden ist.

Damals, vor zweitausend Jahren, hatte ihn auch der Landesvater wegsperren lassen; hatte ihn sozusagen in Schutzhaft genommen. Seine Kritik am System gefährde Ordnung und Ruhe im Land. Außerdem wollte Herodes sich nicht länger Vorhaltungen machen lassen ob seines ausschweifenden Lebensstils.

Johannes übte zu seiner Zeit eine große Faszination auf breite Kreise in der Bevölkerung aus. Unter dem Druck der römischen Besatzung waren die Sehnsucht und der Wunsch nach Befreiung groß. Und nur zu verständlich brachte man diesen Sonderling in der Wüste am Jordan nahe der Stadt Jericho mit den alten Schriftworten in Verbindung, wenn er den Menschen zurief: *„Wer umkehrt zu Gott, den taufe ich mit Wasser. Aber nach mir wird einer kommen, der viel mächtiger ist als ich. Ich bin nicht einmal würdig, ihm die Schuhe nachzutragen. Er wird euch mit dem Heiligen Geist und mit Feuer taufen. Schon hat er die Schaufel in seiner Hand, mit der er die Spreu vom Weizen trennt. Den Weizen wird er in seine Scheunen bringen, die Spreu aber wird er verbrennen, und niemand kann dieses Feuer löschen.«*

(Matthäus 3,11+12)

Ja, Johannes wurde geachtet und gefürchtet wie ein Prophet, der das Kommen des Gesalbten Gottes vorbereitet; der diesem den Weg bahnt, wie es schon bei Jesaja heißt: *„Hört! Jemand ruft: »Bahnt dem Herrn einen Weg durch die Wüste! Baut eine Straße durch die Steppe für unseren Gott!"*

(Jesaja 40,3)

Nun aber saß Johannes im Gefängnis. Der König wollte sich die Kritik an seiner Lebensweise nicht länger gefallen lassen. Und da kommen diesem Mann Zweifel ob seiner Berufung. So lesen wir im Matthäusevangelium:

„Johannes der Täufer saß zu der Zeit im Gefängnis und hörte dort von den Taten Jesu Christi. Er schickte seine Jünger mit der Frage zu Jesus: »Bist du wirklich der Retter, der kommen soll, oder müssen wir auf einen anderen warten?« Jesus antwortete: »Geht zu Johannes zurück und erzählt ihm, was ihr hört und seht: Blinde sehen, Gelähmte gehen, Aussätzige werden geheilt, Taube hören, Tote werden wieder lebendig, und den Armen

wird die rettende Botschaft verkündet. Und sagt ihm: Glücklich ist jeder, der nicht an mir Anstoß nimmt.« (Matthäus 11, 2 – 6)

Der Mann aus Nazareth und der Sonderling in der judäischen Wüste standen in besonderer Beziehung zueinander. Über ihre Mütter waren sie miteinander verwandt, sie kannten sich. Beide folgten einer herausragenden Berufung Gottes. Beide gerieten mit den Behörden in Konflikt und beide wurden gewaltsam umgebracht. Dennoch trennt diese beiden Männer eine unüberbrückbare Kluft in ihrem Gottesverständnis. Johannes der Täufer predigte die Buße vor Gott, damit die Menschen durch Umkehr dem drohenden Strafgericht Gottes entgehen könnten. Hier war die Angst vor Strafe die treibende Kraft.

Jesus von Nazareth aber predigte die Buße vor Gott, damit sich Menschen der bedingungslosen Liebe Gottes öffnen und der Menschenfreundlichkeit Gottes gewiss werden. Für Jesus war die Freude am Leben und die Freude an Gott die Motivation all seines Handelns und Redens. Das ist der wesentliche Unterschied zu Johannes. Verständlich, dass Johannes dem Täufer jetzt im Knast Fragen und Zweifel kommen und er muss wissen, woran er mit diesem Jesus ist. Um seiner selbst willen muss er das wissen.

Zweifel sind erlaubt im Glauben an Gott, der für uns unbegreiflich und unfassbar bleibt. Martin Luther - selbst immer wieder von schweren Zweifeln umgetrieben - hatte den Zweifel den Zwillingsbruder des Glaubens genannt. Und der Leipziger Professor Gottfried Voigt spricht davon, dass *„die Möglichkeit des Vorbeigehens, des Nichtverstehens und des Irrewerdens dem Glauben zugeordnet sind, wie der Schatten dem Licht."* (G. Voigt, S. 29)

Der Glaube bleibt ein Wagnis bis ans Lebensende im Vertrauen darauf, dass Gott uns wohlgesonnen bleibt und es sein Wille ist, dass allen Menschen - Männern, Frauen und Kindern - überall auf der Welt die gleiche Würde zuteil und gleiches Lebensrecht zugestanden werden.

Und dazu ist es unter Umständen nötig, dass aus Wutbürgern Mutbürger werden, wie es 1989 geschehen war; und wie es immer wieder geschieht, wenn Menschen sich auf Plätzen versammeln oder durch die Straßen ziehen, um für die Grundrechte des Lebens aufzustehen und sich im aufrechten Gang üben.

Das prophetische Wort „Schweige doch nicht und ruhe nicht - o Mensch", bleibt in gewissem Sinne auch vom Evangelium her Verpflichtung für alle die wollen, dass Menschen mit verschiedenen Ansichten und unterschiedlichen Traditionen, mit fremden Sprachen und Kulturen in Frieden und gegenseitiger Achtung leben können. Auch das heißt adventlich leben in der Nachfolge des Jesus von Nazareth, um dem Herrn den Weg hier mitten unter uns zu bereiten. Amen.

Literatur:

- Dietrich, Wolfgang, in „Adventlich leben"
- Voigt, Gottfried, Der schmale Weg

Margaret Adams Parker – Station XIII – Pietà, 1998
Quelle: Internet unter: www.margaretadamsparker.com

Der verborgene Glanz der Heiligen Nacht

Predigt zu Heilig Abend 2014 mit dem Bild „Pieta" von Margaret Adams Parker
(Der Predigt war ein Anspiel vorausgegangen, in dem die alt gewordene Maria sich der früheren Ereignisse um die Geburt ihres Erstgeborenen erinnert.)

Liebe Gemeinde am Heilig Abend!
Können Sie sich Maria, die Mutter Jesu, als alte Frau vorstellen? Und das noch zu Weihnachten? Das will so ganz und gar nicht zusammenpassen, nicht wahr? Die Bilder, die wir von Maria kennen, zeigen doch fast ausschließlich das Ideal von Weiblichkeit: schöne Gestalt, reine Haut, zartes Gesicht, lange Haare, schlanke Hände, verträumte Augen, schmale Lippen.

Maria aber, die dem Zimmermann Josef aus Nazareth versprochen war, war das Kind armer Leute, lebte in einfachsten Verhältnissen und musste wahrscheinlich zeitlebens hart und schwer arbeiten. Fünfzehn, höchstens 16 Jahre alt war sie, als sie ihr erstes Kind zur Welt brachte. Das war in jener Zeit normal, denn mit 13 oder 14 Jahren wurden die meisten Mädchen verheiratet, wie es ja auch heute noch in vielen Ländern Asiens und Afrikas üblich ist.

Und der Josef, der war kein alter Knacker, wie es auf den meisten mittelalterlichen Weihnachtsbildern zu sehen ist, sondern ein junger Mann von Anfang zwanzig. Also, die beiden waren ein ganz normales junges Paar, die Lust auf Liebe und aufs Leben hatten. Der Glaube aber an die Göttlichkeit Jesu hatte dazu geführt, den Josef als alten Mann zu malen. Die Unmöglichkeit einer menschlichen Zeugung sollte damit zum Ausdruck gebracht werden. Und genauso unausrottbar hält sich die Mär von der „Jungfrauengeburt". Lange schon weiß man in der theologischen Forschung, dass die Geschichte mit der schwangeren Jungfrau einem Übersetzungsfehler geschuldet ist.

Aber das spielte für die Evangelisten und die alten Kirchenväter nicht die entscheidende Rolle. Für sie war wichtig aufzuzeigen, dass dieser Jesus aus Nazareth der von Gott durch die Propheten vorhergesagte Retter Israels sei. Deshalb musste er göttlicher Abstammung sein. Auch das war in der antike nichts Ungewöhnliches. Konnte man doch auf eine ganze Reihe von Göttersöhnen und Göttertöchtern verweisen.

Damit hatten die gebildeten Griechen und Römer keine Probleme. Nur heute mutet es uns fremd an, wenn immer noch die alten Geschichten als so geschehen ausgegeben werden. Das wollen verständlicherweise immer weniger Menschen noch glauben müssen.

Ja, Maria. Können Sie sich Maria als alte Frau vorstellen? Nach Jesus, ihrem Erstgeborenen, hatte sie noch weiteren Kindern das Leben geschenkt. Wir wissen nicht, wie viele Kinder Maria und Josef insgesamt hatten. In den Evangelien ist nur von Brüdern und Schwestern des Jesus die Rede. Wie viele Kinder hatte Maria schon vor Jesus betrauern müssen? Auch das wissen wir nicht; aber bei der damals üblich hohen Kindersterblichkeit ist nicht auszuschließen, dass der eine Sohn oder die andere Tochter das Kleinkindalter nicht überlebt hatte.

Überhaupt: Von Maria, der Mutter Jesu, wissen wir herzlich wenig. Ihren Namen - ja - hebräisch Mirjam. So hieß schon die Schwester des Mose. Aber wo Mirjam herkam, wer ihre Familie war und welchen Stand sie hatte, das alles wissen wir nicht.

Ihr Name ist in Erinnerung geblieben, weil sie zu den Wenigen gehörte, die dem Jesus in dessen Todesstunde am Kreuz nahe gewesen war. Zu der Zeit war Maria schon Witwe. Denn sonst wäre der kurze Wortwechsel des am Kreuz Hängenden mit dem Jünger Johannes und mit seiner Mutter nicht nötig gewesen: *„Siehe, das ist jetzt deine Mutter! – Siehe, das ist jetzt dein Sohn!"* Und dann lesen wir: *„Von da an nahm der Jünger sie zu sich."*

(Johannes 19,26f)

Das heißt, Maria wohnte den Rest ihres Lebens in Jerusalem im Haus des Johannes. Beide gehörten dann auch zu den ersten Christen in Jerusalem. Maria war durch alle Schmerzen um ihren Erstgeborenen hindurchgedrungen zu einer Botschafterin des Glaubens. Das war die Frucht der Ostererfahrung, der Begegnung mit dem lebendig machenden Geist Gottes. Ja, Maria war eine alte Frau geworden, gezeichnet vom Leben und der Sorge um ihre Kinder, gezeichnet von Trauer und Armut. Das Bild, welches ich Ihnen austeilen ließ, ist kein Weihnachtsbild, sondern es gehört zu Karfreitag.

Es zeigt uns die alt gewordene Maria in ihrer Trauer um Jesus, ihren Erstgeborenen. Die amerikanische Künstlerin Margaret Adams Parker hatte diese Pieta, dieses Schmerzensbild geschaffen im Gedenken an die vielen Mütter, die ihre Söhne als gefallene Soldaten betrauern. Mirjam, Maria oder Marie: Einen letzten Liebesdienst erweist die Mutter ihrem toten Sohn; nimmt ihn auf den Schoß; drückt ihn an das gequälte Herz.

Margarete Parker hatte zum Ende des vorigen Jahrhunderts einen ganzen Zyklus zum Leidensweg Jesu geschaffen. Inspiriert dazu wurde sie durch die große Zahl der Vietnamkriegsveteranen in den USA, die traumatisiert waren und mit dem Leben nicht mehr zurechtkamen. *„Meine wichtigsten Mentoren waren Rembrandt und Käthe Kollwitz“* - sagt die Künstlerin von sich selbst. Das ist ja hier unschwer zu erkennen.

Nach 1945 hieß es in einem Gedicht: *„... dass nie wieder eine Mutter ihren Sohn beweint ...“* Seitdem aber sind mehr Menschen durch Kriege, Hunger und gewaltsame Konflikte ums Leben gekommen, als in beiden Weltkriegen zusammen.

Was ist da geblieben von der Weihnachtsbotschaft, dass Friede werde auf Erden? Von der Botschaft der Engel an die Hirten draußen auf den Feldern? Ist es nicht die Sehnsucht genau nach diesem Frieden, die so viele Menschen am Heilig Abend umtreibt und unsere Kirchen füllt? Von alleine aber wird kein Friede. Frieden muss gewollt und gestaltet werden. Dazu jedoch braucht es Fantasie und vor allem die Bereitschaft zum Gespräch, auch wenn die Meinungen und Ansichten über Gott und die Welt weit auseinander liegen.

Die älter gewordene Maria jedenfalls hatte als Jesusbotschafterin versucht, ihren Teil für ein friedvolles Zusammenleben beizutragen. Denn das ist ureigenstes Anliegen des Evangeliums von Jesus Christus: *„Siehe, ich verkündige euch große Freude, denn euch ist heute der Heiland geboren und Ehre sei Gott und Friede bei den Menschen, an denen er seine Freude hat.“*

(Lukas 2, 10+14)

Dieses der Welt zu bezeugen und vorzuleben, dazu sind wir als Christen und Christinnen immer noch gerufen. Das Ihnen das in Ihrem Lebensumfeld, in Ihren Beziehungen gelingen möge, das wünsche ich Ihnen von ganzem Herzen. Und so tragen wir den verborgenen Glanz der Heiligen Nacht in die Dunkelheiten der Welt hinein. Amen.

2. Teil
Predigten zu besonderen Anlässen

Du bist behütet

Predigt zur Taufe von Tabea über Psalm 91,11+12

Liebe Taufeltern! Liebe Paten und liebe Gemeinde!
Als Eltern wollen Sie nur das Beste für Ihr Kind. Das ist gut so. Damit sind Sie ganz auf der Seite dessen, der Ihnen, Ihrem Kind und uns allen das Leben schenkte. Denn auch Gott will nur das Beste für uns. Dafür hat er uns sein Wort gegeben mit den vielen Verheißungen und Segenszusprüchen; den Geboten zur Hilfe im Miteinander wie auch die Ermahnungen zu gegenseitiger Achtung und Anerkennung. Es gibt Menschen, die immer und überall nachzählen. Die wollen herausgefunden haben, dass es in der Bibel 365 Verheißungen Gottes gibt; also für jeden Tag des Jahres eine Zusage an uns Menschen.

Geschichten, die dass Leben schreibt, erzählen von den Erfahrungen der Menschen auf ganz verschiedenen Lebenswegen. Wir lesen von Freude und Tanz, von den großen Festen der Gottesdienstgemeinde, vom Kampf um Gerechtigkeit. Menschen leiden unter Bedrückung und Verfolgung. Sie klagen Gott ihre Not und erwarten von ihm Hilfe, Trost, Ermutigung und Beistand - also den Segen Gottes.

In den Psalmen, den Liedern des Volkes Israel, begegnet uns in komprimierter Sprache, was Menschen in ihrem alltäglichen Leben widerfahren ist und was sie im Glauben an Gott erlebt haben. Es sind Lob- und Danklieder, aber auch Klagepsalmen.

Seit vielen Jahrhunderten trösten sich Menschen mit Worten aus den Psalmen. Mit den Psalmen leihen wir uns Sprache, wo die eigenen Worte fehlen. Sie geben uns Halt, wo der Boden wankt und das Kartenhaus unserer Träume und übersteigerten Pläne plötzlich einstürzt.

Mit den Psalmen haben Menschen versucht, in Worte zu fassen, was eigentlich nicht zu fassen ist; was die eigenen Möglichkeiten, Fantasien und Grenzen übersteigt: nämlich die Gotteserfahrungen in ganz unterschiedlichen Lebenssituationen. Ein tiefes inneres Angerührt- und Angesprochensein. Menschen haben die Hilfe Gottes erfahren, wo alles so aussichtslos erschien. Und gerade darin sind die alten Lieder authentisch: Sie sind Zeugnisse gelebten Lebens voller Hoffen und Bangen und oft auch durchlittenen Glaubens.

Menschen haben mit dem Erbarmen und der Hilfe Gottes gerechnet, wo die sie umgebende Wirklichkeit trostlos und erbarmungslos war und sind in ihrer Hoffnung nicht betrogen worden. Ihr Lebensgeschick hatte sich gewandelt. Das kam von Gott, auf den sie ihre Hoffnung gesetzt hatten. Dank ihm! Das ist Segen von oben!

„Ein Psalm ist wie ein abgegriffener Stein, durch viele Hände gegangen und schön geworden durch die Wärme der Geschwister“ - schreibt Fulbert Steffensky, und ich finde, das ist ein wunderschönes Bild für den Gebrauch der alten Lieder. *„Man braucht nicht an seiner eigenen Dürftigkeit zu verhungern“.* Wir gehören immer schon in die große Geschichte Gottes mit seinen Menschenkindern. (Steffensky, S.11)

Liebe Taufeltern! Ein solches Psalmwort haben Sie für Ihre Tochter Tabea als Taufspruch gewählt. Es sind Worte vom Vertrauen auf Gott und der Bewahrung durch Gott:

Denn er hat seinen Engeln befohlen, dass
sie dich behüten auf allen deinen Wegen,
dass sie dich auf Händen tragen und du deinen
Fuß nicht an einen Stein stoßest. (Ps. 91,11+12 nach Luther)

Natürlich sind diese Verse hier aus dem Zusammenhang herausgenommen, und Sie tun gut daran, einmal das ganze Lied zu lesen. Das schützt auch vor dem Missbrauch solcher Worte. Der Versucher, der die Bibel kennt, wollte Jesus gerade mit diesem Wort aus Psalm 91 dazu verleiten, sich von der 50 Meter hohen Tempelmauer in Jerusalem zu stürzen: *„Bist du Gottes Sohn, so stürz dich hinab, denn es steht ja geschrieben ...“* (Lukas 4,9c+10a)

Nein, so geht das nicht. Gott hat zwar versprochen, uns zu schützen und zu bewahren, wenn wir uns selbst nicht mehr schützen können. Aber er ist nicht dazu da, uns von Leichtsinn und Torheit abzuhalten. Dafür hat er uns Menschen den Verstand geschenkt.

Und auch das wissen die Psalmbeter: Der Weg durchs Leben ist steinig und kurvenreich. Gerade deshalb hat Gott ja seine Engel ausgesandt, damit wir auf diesem Weg bewahrt bleiben. Die Engel, die uns wieder aufrichten, wenn wir hingefallen sind.

Ja, das Beste für uns! Sie wollen es für Ihre Tochter. Gott will es für alle Menschen. Sie tun es, indem Sie Ihre Tabea begleiten auf dem Weg ins Leben, auf dem Weg zur Selbständigkeit. Denn aus Kindern sollen einmal Erwachsene werden mit eigener Verantwortung und Entscheidungskompetenz.

Gott begleitet uns durch sein Wort, durch seine Boten; vor allem aber durch Christus. Durch ihn nehmen wir wahr, wie sehr der für uns verborgene Gott uns Menschen liebt. Im Glauben an Christus werden wir zu Kindern, zu Söhnen und Töchtern des Gottes, der uns Vater und Mutter zugleich sein will. Mit der Taufe im Namen Jesu werden wir aufgenommen in die weltweite Gemeinschaft der Christen. Und damit wir das nicht vergessen, gibt es Gemeinde vor Ort. Da sollen wir zu Hause sein, uns einbringen mit den von Gott geschenkten Gaben und Fähigkeiten und so einander im Glauben stärken und immer wieder neu aufs Wort hören.

Manchmal empfinden wir die Worte der Bibel als unbequem, ja widerborstig. Wir hätten's gerne freundlicher und weicher. Die Engel haben Konjunktur und wir reiten auf einer sanften Welle der Gefühle. Gottes Wort will da manchmal nicht so richtig reinpassen. Wir möchten es uns zurechtbiegen. Aber das tut nicht gut, weder uns noch dem Wort. Nur an den Dingen, an denen wir uns reiben, können wir wachsen und kräftig werden.

Liebe Taufeltern, helfen Sie Ihrem Kind auf dem Weg des Lebens zum Vertrauen auf Gott und zu einem zuversichtlichen Glauben. Das ist das Beste, was Sie tun können. Tabea soll ja ihren Taufspruch nicht nur vom Kopf her lernen, sondern in ihn hineinleben. Dies ist auch die wichtige Aufgabe der Paten.

Sie alle kennen das alte Sprichwort: *„Was Hänschen nicht lernt, lernt Hans nimmer mehr!"*. Das gilt nicht nur fürs gute Benehmen. Zuallererst gilt das auch für das Hineinwachsen in den christlichen Glauben.

Für Kinder und heranwachsende Jugendliche wird der Glaube zur eigenen Lebensgestaltung nur von Bedeutung sein, wenn sie erkennen, dass Eltern, Großeltern und Paten ihren Glauben wie selbstverständlich in das ganz alltägliche Leben integriert haben. Darin haben Sie alle eine unersetzbare Aufgabe und Vorbildwirkung an den Ihnen anvertrauten Kindern. Gott haben Sie dabei auf jeden Fall auf Ihrer Seite. Und damit wir das nicht vergessen, hier noch einmal der Zuspruch:

Denn er hat seinen Engeln befohlen, dass
sie dich behüten auf allen deinen Wegen,
dass sie dich auf Händen tragen und du deinen
Fuß nicht an einen Stein stoßest. Amen.

Literatur: - Steffensky, Fulbert, Das Haus, das die Träume verwaltet

Kirche Löbnitz, Taufstein von 1603

Unverschämt bei Gott anklopfen

Predigt zur Konfirmation in einer kleinen Gemeinde über Lukas 11,1-8

Liebe Constanze! Lieber Konrad!

Liebe Eltern, Paten und Gäste! Liebe Gemeinde!

Ihr zwei habt Euch für die Konfirmation entschieden. Das bedeutet, dass Ihr nun selbst die Verantwortung für Euer Leben als Christen übernehmt. Niemand kann Euch jetzt mehr in Eure Glaubensentscheidungen reinreden. Ihr könnt andere nach dem richtigen Weg fragen, könnt Euch beraten lassen; aber entscheiden, wie Ihr es mit der Gottesbeziehung und dem Leben entsprechend der Taufe halten wollt, ist ganz allein Eure eigene Angelegenheit.

In diesem Sinne seid Ihr von heute an wirklich erwachsen geworden. Seit Alters her feiern Menschen in allen Kulturen für hergewachsene Jungen und Mädchen ein Fest zur Aufnahme in die Gemeinschaft der Erwachsenen. Für evangelische Christen ist das die Konfirmation.

Das ist das erste für diesen Tag. Jede Medaille hat aber zwei Seiten. Und die eine Seite ist ohne die andere nicht zu haben. Die Vorderseite der Medaille für diesen Tag heute ist die Freiheit, nun eigenverantwortlich Entscheidungen treffen zu können.

Die andere Seite ist die, dass Ihr ja immer noch auf dem Weg seid und Lernende bleibt. Das Ziel Eures Lebens liegt vor Euch. Die Konfirmation ist eher nur eine Station, eine Wegmarkierung auf diesem Weg. Andere Stationen und Teilziele gilt es noch zu erreichen. Und da braucht Ihr immer Wegbegleiter: Menschen, denen Ihr vertrauen und von denen Ihr lernen könnt. Das gilt fürs alltägliche Leben genau so wie für den Beruf wie auch für den Glauben an Gott. Niemand kann sagen, dass er als Christ genug gelernt habe und schon alles wisse.

Die Freunde Jesu wollten von Jesus auch wissen, wie man es denn richtig macht in der Beziehung zu Gott. Wie können wir angemessen mit Gott reden? – war ihre Frage. Der Evangelist Lukas schreibt dazu:

„Eines Tages, als Jesus gebetet hatte, bat ihn einer seiner Jünger: »Herr, sag uns doch, wie wir richtig beten sollen. Auch Johannes hat dies seine Jünger gelehrt.« Jesus antwortete ihnen: »So sollt ihr beten: ›Unser Vater im Him-mel! Dein heiliger Name soll geehrt werden. Lass deine neue

Welt beginnen. Gib uns auch heute wieder, was wir zum Leben brauchen. Vergib uns unsere Schuld, wie wir denen vergeben, die uns Unrecht getan haben. Lass uns nicht in Versuchung geraten, dir untreu zu werden.‹«

(Lukas 11,1-4)

Wir möchten es gerne richtig machen. D.h., wir suchen nach einem Rezept, nach dem der Glaube funktioniert und nach dem wir eine Garantie haben für gelingendes Leben. Aber so ein Rezept gibt es nicht. Das hatte auch Jesus nicht parat. Aber Jesus gibt seinen Freunden hilfreiche Antworten. Er schlägt ihnen vor: Macht nicht viele Worte, beschränkt euch auf das Nötige und habt Vertrauen, dass Gott euch das Notwendige dann auch zukommen lässt. Er ist ja wie Vater und Mutter, die für ihre Kinder sorgen.

Vor allem das Bild eines liebenden, fürsorglichen Vaters hatte Jesus vor Augen. Und um dies zu unterstreichen, fügt Jesus eine Alltagsgeschichte hinzu: *„Dann sagte Jesus zu den Jüngern: »Stellt euch vor, einer von euch hat einen Freund. Mitten in der Nacht geht er zu ihm, klopft an die Tür und bittet ihn: ›Leih mir doch bitte drei Brote. Ich habe unerwartet Besuch bekommen und nichts im Haus, was ich ihm anbieten könnte.‹ Vielleicht würde der Freund dann antworten: ›Stör mich nicht! Ich habe die Tür schon abgeschlossen und liege im Bett. Außerdem könnten die Kinder in meinem Bett aufwachen. Ich kann jetzt nicht aufstehen und dir etwas geben.‹ Das eine ist sicher: Wenn er schon nicht aufstehen und dem Mann etwas geben will, weil er sein Freund ist, so wird er schließlich doch aus seinem Bett steigen und ihm alles Nötige geben, weil der andere so unverschämt ist und ihm einfach keine Ruhe lässt.“* (Lukas, 11, 5-8)

So, wie Jesus diese Geschichte erzählt, ist jedem Hörer, jeder Hörerin klar: Das könnte mir auch passieren. Jeder kann überraschend Besuch bekommen. Und Gastfreundschaft ist höchstes Gut. Das ist bis heute so in orientalischen Ländern. Wer selbst nichts im Haus hat, muss sehen, wo er Brot und Wein herbekommt. Das bedeutet, dass der, der hier um Brot bittet, gar keine andere Wahl hat. Er kann nicht mit leeren Händen zurückkommen. Das weiß natürlich auch der, der Brot vorrätig hat. Deshalb wird er dem Bittenden geben, was dieser so dringend braucht. Mit dieser Alltagsgeschichte zeigt Jesus, wie wir vor Gott sein dürfen: unverkrampft, wenn nötig auch unverschämt, nicht nachlassend.

Das meint, sich nicht abwimmeln lassen in seinen Erwartungen an Gott und sich das auch nicht klein reden lassen durch gut gemeinte Ratschläge. Das ist die Lernstrecke des Glaubens bis an unser Lebensende.

Und doch fällt es uns manchmal unheimlich schwer, jemanden um etwas zu bitten. Denn: Wer um etwas bitten muss, muss sich selbst und anderen den Mangel eingestehen, den er an dieser Stelle hat. Und wer gibt schon gerne freiwillig zu, dass er hier oder da nicht vollkommen ist? Von Jesus jedenfalls können wir lernen, dass es keine Schande ist, jemanden um etwas zu bitten, wenn es die Situation erfordert. Und eben auch Gott gegenüber brauchen wir keine Scheu zu haben, von ihm das zu erbitten, was uns an Lebensenergie und Lebensfreude mangelt.

Zum Schluss noch eine Geschichte, die auf humorvolle Weise erzählt, wie die Aufforderung zum Bitten, Suchen und Anklopfen verstanden sein will:

„Ein Dieb kam zum Himmelreich und pochte an die Tür. „Macht auf!" Der Apostel Petrus, der die Schlüssel zum Himmelreich besitzt, hörte das Klopfen und ging zur Tür. „Wer ist da?" – „Ich." – „Wer bist du?" – „Ein Dieb. Lass mich ins Himmelreich." – „Nein, hier ist kein Platz für Diebe." – „Und wer bist du, dass du mich nicht einlassen willst?" – „Der Apostel Petrus." – „Dich kenn ich! Du bist der, der Christus verleugnete, noch bevor der Hahn krähte. Ich weiß alles, Bruder!" Da kehrte Petrus um und suchte Paulus. „Geh, Paulus, sprich du mit ihm." Paulus ging zur Tür. „Wer ist da?" – „Ich, der Dieb, lass mich ins Himmelreich!" – „Hier ist für Diebe kein Platz!" – „Und wer bist du, dass du mich nicht einlassen willst?" – „Ich bin der Apostel Paulus." – „Ach Paulus! Ich weiß, du bist jener, der die Christen verfolgte. Und du bist jetzt im Paradies!" – Da kehrte auch Paulus um und erzählte Petrus, was der Dieb gesagt hatte. „Nun", sprach Petrus, „dann werden wir den Evangelisten Johannes schicken. Er hat Christus keinmal verleugnet. Soll er mit dem Dieb reden." Johannes ging zur Tür. „Wer ist da?" – „Ich, der Dieb. Lass mich ins Himmelreich!" – „Da kannst du lange bitten, Dieb. Für solche Sünder wie dich ist hier kein Platz." – „Und wer bist du, dass du mich nicht einlassen willst?" – „Ich bin der Evangelist Johannes." – „Aha, du bist ein Evangelist. Weshalb betrügt ihr die Menschen? Ihr habt im Evangelium geschrieben: ‚Klopft an, so wird euch aufgetan; bittet, so wird euch gegeben.'

Jetzt stehe ich hier schon seit zwei Stunden und klopfe an, aber niemand tut mir auf. Wenn du mich nicht auf der Stelle ins Himmelreich einlässt, dann kehre ich auf die Erde zurück und sage den Menschen, dass ihr im Evangelium die Unwahrheit geschrieben habt!" Da erschrak Johannes und ließ den Dieb ins Himmelreich." (A. Kühner, S. 69)

Vor Gott bleiben wir Kinder, immer, unser ganzes Leben lang. Das ist ja auch sehr tröstlich zu wissen, dass in jeder Lebenslage und jeder noch so schwierigen Situation einer da ist, der zu mir, zu uns steht . ER als unser „wahrer Vater" und unsre „gute Mutter" will uns geben, was wir zum Leben brauchen. Deshalb, Ihr lieben Konfirmanden, vergesst das nicht auf Eurem Weg durchs Leben.

Ganz in diesem Sinne habt Ihr Euch Eure Konfirmationssprüche ausgesucht aus den alten Glaubensliedern Israels. Du, Konrad, aus Psalm 139, den Vers 2: *„Gott, du erforschst mich und kennst mich. Ich sitze oder stehe auf, so weißt du es; du verstehst meine Gedanken von ferne."* (nach Luther) Und Du, Constanze, aus Psalm 104, den Vers 33: *„Ich will dem Herrn singen mein Leben lang und meinen Gott loben, solange ich bin."* (nach Luther)

So ich wünsche Euch, dass Ihr mit diesen Worten viele gute Erfahrungen in Euerm Leben macht und dass Ihr diese Worte in Euch lebendig haltet. Amen.

Literatur: - Kühner, Axel, Eine gute Minute

Kirche Löbnitz, Stifterfamilie des Hans von Schönfeldt im Altar von 1629

Gott sorgt für Überraschungen

Predigt zum Johannesfest in Reibitz über Sprüche 16, 9

Liebe Gemeinde!

Ich beginne mit einer Geschichte:

„Eine ältere Frau - graue Haare, buntes Leben - stärkt sich nach einem anstrengenden Stadtbummel im Schnellimbiss. Sie lässt sich eine Terrine Gulaschsuppe geben und findet einen freien Tisch, stellt ihre Suppe darauf und hängt ihre Tasche darunter. Noch einmal kämpft sie sich durch die Menge der Leute und Tische und holt sich einen Löffel. Als sie zurückkommt, steht da ein junger Mann am Tisch und löffelt die Gulaschsuppe. Er ist schwarz und kommt aus Afrika. Die Frau schluckt ihre Enttäuschung herunter, stellt sich dazu und isst mit ihm die Suppe. Nun schaut der Schwarze ganz verwundert. Aber dann löffeln sie beide einander zulächelnd die Suppe. Als die Terrine gemeinsam geleert ist, fragt der Afrikaner die Frau: „Darf ich Sie zu einer Tasse Kaffee einladen?" Die Frau nickt beglückt über so viel Freundlichkeit. Der Mann holt zwei Tassen Kaffee, und sie trinken ihn schweigend aus. Schließlich verabschiedet sich der junge Mann und verlässt den Imbiss.

Die Frau ist voller Freude über die ungewöhnliche Begegnung. Aber plötzlich durchzuckt sie ein Gedanke. Sie fasst nach der Handtasche unter dem Tisch und greift ins Leere. Die Tasche ist weg. „So ein Gauner", denkt sie und stürzt dem Mann hinterher. Aber der ist im Gewühl der Innenstadt längst verschwunden. Enttäuscht kehrt die Frau in den Imbiss zurück und entdeckt auf dem Nebentisch ihre Terrine Gulaschsuppe und ihre Handtasche darunter." (A. Kühner, S. 16)

Manchmal passiert es, dass wir in Situationen geraten, die wir uns nicht gesucht haben. Die Frau in der Geschichte war der festen Überzeugung, der ihr fremde junge Mann löffle ihre Gulaschsuppe. Und beide halten die komische Situation schweigend aus. Niemand will den anderen beschämen.

Dabei hätte das Missverständnis mit einer Frage oder einem freundlichen Hinweis sicherlich problemlos aus dem Weg geräumt werden können. Aber so sind wir Menschen.

Wir sind vom eigenen Handeln überzeugt und glauben im Recht zu sein. Wir gehen davon aus, dass andere schon verstehen, warum wir gerade so und nicht anders sind, reden und handeln.

„Der Mensch hält sein Handeln für richtig..." (Sprüche 16,2) - heißt es schon in der Spruchsammlung der Bibel, die dem weisen König Salomo zugeschrieben wird. Das ist also uralte Erfahrung, dass Menschen in ihrem Tun und Denken aneinander vorbeileben und jeder bzw. jede von sich selbst glaubt, alles richtig zu machen. Wie sehr das daneben gehen kann, zeigt die Geschichte um die Gulaschsuppe nur zu deutlich.

Unzählige Sprichwörter, also Lebensweisheiten, haben ihre Wurzeln in der biblischen Spruchsammlung. So auch der bekannte Satz: Der Mensch denkt, aber Gott lenkt. Vollständig heißt dieser Satz in der biblischen Urfassung: *„Der Mensch plant seinen Weg, aber der Herr lenkt seine Schritte."*

(Sprüche 16,9)

Naiv könnten wir denken: Egal was Menschen sich vornehmen, am Ende wird jeder doch durch Gottes Eingreifen geführt. Dazu aber braucht's einen großen Glauben. Vielleicht so, wie die alte Frau in der Rückschau auf ihr Leben sagte: Und Gott war immer dabei.

Wenn die alte Frau aber von ihrem Leben erzählte, dann hatte man den Eindruck, dass das Schicksal dieser Frau gar nicht wohlgesonnen schien. Als junge Kriegswitwe musste sie mit drei kleinen Kindern aus Ostpreußen flüchten. Das Jüngste starb unterwegs. Schwer war der Neuanfang in Norddeutschland. Eine zweite Ehe hielt nicht lange. Nach dem Schulabschluss zogen die Kinder weit weg. Alleine und immer auf sich gestellt, schlug sich diese Frau durchs Leben in bescheidenen Verhältnissen. Viele Freunde hatte sie nie. Und am Ende ihres Lebens konnte diese Frau trotz allem sagen: Und Gott war immer dabei.

„Der Mensch plant oder erdenkt sich seinen Weg, aber der Herr lenkt seine Schritte." Dennoch sind wir keine Marionetten, die sich an den Fäden nur so bewegen, wie der Puppenspieler das will. Nein, Gott hat uns Menschen in die Freiheit der Eigenverantwortlichkeit und der Selbstbestimmung entlassen. Das vergessen wir manchmal, wenn uns das Leben aus dem Ruder zu laufen droht. Dann suchen wir jemanden, den wir für unsere miese Lage und schlechte Laune zur Verantwortung ziehen können. Aber wir

können niemand anderes für die Folgen unseres eigenen Handelns verantwortlich machen. Auch Gott nicht.

Aber mit den Sprichwörtern der Bibel können wir uns ein Stück Gelassenheit bewahren gerade für die Situationen, die uns überraschen, die wir weder geplant noch gesucht hatten und die uns auch verunsichern. Dass wir da nicht gegen das eigene Leben ankämpfen; keine Lebensenergie im Widerstreit mit uns selbst verpulvern, sondern in Heiterkeit aushalten, dass es, aus welchen Gründen auch immer, anders gekommen ist, als gedacht und geplant.

Das heißt ja nicht, dass einer planlos und ziellos durchs Leben stolpern soll. Nein, zur Eigenverantwortung gehört eine gute Lebensplanung. Aber die Lebensplanung ist nicht starres Gesetz. Leben ist Bewegung, Dynamik und hält doch immer Überraschungen und Unvorhergesehenes für uns bereit. Vor allem dann, wenn Neues auf Altes trifft.

Das ist wohl immer und überall so, dass die Begegnung mit fremden unbekannten Menschen zunächst einmal verunsichert. Wie soll man diesen Menschen begegnen, wie sich ihnen gegenüber verhalten? Den Fremden, den Neuen geht's ja genauso. Die Alteingessenen haben das gegen Ende des Krieges erlebt, wie das ist, wenn da ein unaufhörlicher Strom von Flüchtlingen und Vertriebenen durch die Straßen zieht und Quartier sucht. Aber auch den Heimatvertriebenen war es doch nicht einerlei, an Hoftore und Haustüren zu klopfen und um ein Bett und ein Stück Brot zu betteln.

Später waren es dann die Menschen, die aus den Orten kamen, die der Kohle weichen mussten. Die kamen zwar nicht betteln, waren aber doch erst mal die Fremden im Ort. Man musste sich aneinander gewöhnen. Und jeder Mensch, welcher neu in eine Familie kommt, ob nun als Baby oder als Erwachsener, bringt das Bekannte, das Gewohnte durcheinander. Alle müssen sich darauf einstellen und lernen, mit der neuen Situation umzugehen und ihren Lebensalltag darauf einstellen. Dann aber sagen zu können: *„Der Mensch plant zwar seine Wege, aber der Herr lenkt seine Schritte“* -, das zeugt von Lebensweisheit und auch von der Freude am sich stets wandelnden Leben. Amen.

Literatur: - Kühner, Axel, Eine gute Minute

Es ist nicht gut, dass der Mensch allein sei!

Predigt im Gottesdienst zur Eheschließung von Alexandra und Kai-Uwe

Liebe Alexandra und lieber Kai-Uwe!
Liebe Hochzeitsgäste, liebe Gemeinde!

„Es ist nicht gut, dass der Mensch allein sei“. (1. Mose, 2,18) So lesen wir es auf den ersten Seiten der Bibel. Es ist Gottes ausgesprochener Wille, dass Menschen in Gemeinschaft leben. Das ist unsere Bestimmung. Die Ehe ist eine Form von Lebensgemeinschaft, zu der Ihr Euch entschlossen habt. Mit dem heutigen Tag tretet Ihr heraus aus der „Ehe ohne Trauschein“, aus dem unverbindlichen Zusammenhocken in die verbindliche Gemeinschaft von Mann und Frau, so lange Ihr lebt. So jedenfalls das gegenseitige Versprechen heute hier vor diesem Altar. Und Gott will seinen Segen dazu geben.

Es ist nicht gut, dass der Mensch allein sei. Davon erzählt auch eine alte Geschichte: *„Ein Mann hatte sich einst im tiefen Wald verirrt. Trotz aller Versuche konnte er den Weg aus dem Dickicht nicht finden. Nach einiger Zeit verirrte sich ein zweiter Mann und geriet auch tief in den Wald hinein. Dort traf er auf den ersten und fragte ihn hoffnungsvoll nach dem Weg hinaus aus dem Wald. „Den weiß ich nicht“, antwortete dieser, „aber ich kann dir die Wege zeigen, die nicht hinaus, sondern noch tiefer in den Wald führen. Und nun lass uns gemeinsam den richtigen Weg suchen, der uns herausführt!“*

(A. Kühner, S. 203)

Zwei Menschen sehen einfach mehr. Zwei Menschen ergänzen sich. Zwei Menschen geben sich gegenseitig Hoffnung, Halt und Geborgenheit. Der König Salomo, dem ein großer Teil der jüdischen Weisheitsliteratur zugeschrieben wird, hatte schon vor über 3.000 Jahren ganz richtig beobachtet:

„Zwei haben es besser als einer allein, denn zusammen können sie mehr erreichen. Stürzt einer von ihnen, dann hilft der andere ihm wieder auf die Beine. Doch wie schlecht steht es um den, der alleine ist, wenn er hinfällt! Niemand ist da, der ihm wieder aufhilft! Wenn zwei in der Kälte zusammenliegen, wärmt einer den anderen, doch wie soll einer allein warm werden? Einer kann leicht überwältigt werden, doch zwei sind dem Angriff gewachsen. Man sagt ja auch: „Ein Seil aus drei Schnüren reißt nicht so schnell entzwei.“

(Prediger 4, 9-12)

„Es ist nicht gut, dass der Mensch allein sei“ - das ist hier mit Händen zu greifen. Eine dreifache Schnur reißt nicht so schnell. Das leuchtet ein. Oder sagen wir: Ein dreibeiniger Hocker kippelt nicht. Selbst wenn der Untergrund nicht ganz eben ist. Ein Hocker mit drei Beinen steht immer fest. Darum nehmt Gott als das dritte Standbein mit in Eure Beziehung. Sie wird einfach stabiler und tragfähiger.

Heinrich von Kleist hatte in einem Brief an Wilhelmine von Zenge unter anderem geschrieben: *„Vertrauen und Achtung, das sind die beiden unzertrennlichen Grundpfeiler der Liebe, ohne welche sie nicht bestehen kann; denn ohne Achtung hat die Liebe keinen Wert und ohne Vertrauen keine Freude.“* (Heinrich von Kleist, Briefe, Quelle: Internet unter „Hochzeitssprüche“)

Ein schönes Wort, aber doch kein Trauspruch. Ein Wort der Bibel möchte es da schon sein. Und so habt Ihr Euch für den bekannten Satz aus dem so genannten „Hohen Lied der Liebe“ entschieden, welches der Apostel Paulus den Christen in Korinth geschrieben hatte: *„Was aber bleibt sind Glaube, Hoffnung und Liebe, diese drei. Die Liebe aber ist das Größte.“*

(1.Korinther 13, 13)

Liebe Alexandra! Lieber Kai-Uwe!
Da haben wir sie wieder, die dreifache Schnur, die das Rettungsseil für jede Form von Lebensgemeinschaft ist. Aus den Strängen Glaube, Hoffnung und Liebe wird das Seil, das nicht reißt ; das den Belastungen des Alltags Stand hält. Auf drei Dinge - wie könnte es anders sein - möchte ich Euch in diesem Zusammenhang hinweisen:

Das Erste: Das Kapitel vom „Hohen Lied der Liebe“ ist kein einklagbarer Normenkatalog. Allein wenn wir uns die Verse in der Mitte des Textes anschauen, wird deutlich, dass dazu übermenschliche Anstrengungen nötig wären, wollten wir auch nur einigermaßen dem gerecht werden:

„Liebe ist geduldig und freundlich. Sie ist nicht verbissen, sie prahlt nicht und schaut nicht auf andere herab. Liebe verletzt nicht den Anstand und sucht nicht den eigenen Vorteil, sie lässt sich nicht reizen und ist nicht nachtragend. Sie freut sich nicht am Unrecht, sondern freut sich, wenn die Wahrheit siegt. Liebe ist immer bereit zu verzeihen, stets vertraut sie, sie verliert nie die Hoffnung und hält durch bis zum Ende.“ (1. Korinther 13, 4-7)

Die Liebe des anderen kann ich nicht einfordern. Ich kann sie mir nur schenken lassen. Denn Liebe kann sich nur da entfalten, wo ihr ein Freiraum eröffnet wird. Unter Druck verkümmert die Liebe. Viele Ehen scheitern genau an diesem Punkt. Liebe wird verstanden als die Erfüllung der Wunschbilder vom jeweiligen Gegenüber. Dazu aber ist der Partner, die Partnerin nicht da, dass er oder sie sich in das Bild, das ich von ihm, von ihr habe, hineinpressen lässt. Und auch Kinder können nicht in solche Wunschbilder hinein erzogen werden. Jedes Kind ist eine eigene Persönlichkeit mit ganz eigenem Profil. Das anzunehmen, auszuhalten und immer wieder zu bejahen – darin wird sich die Liebe bewähren müssen.

Das Zweite: Dieser Vers, den Ihr Euch als Trauspruch gewählt habt, ist der Zielsatz des ganzen Kapitels. *„Was aber bleibt ..."* - heißt doch, dass es bei Glaube, Hoffnung und Liebe tatsächlich um die Dinge im Miteinander geht, die menschliche Gemeinschaft auf Dauer zusammenhalten. Alles andere ist Stückwerk und gehört in den Bereich des Vorläufigen. Die Bilder, die Ihr heute voneinander habt, werden Kratzer bekommen; vielleicht werden sie ganz zerbrechen. Ihr werdet an Euch Seiten entdecken, wo Ihr erschrokken ausruft: Hätte ich das doch vorher gewusst ...

Dann ist es um so nötiger, sich dieses Satzes aus dem Korintherbrief zu erinnern: *„Was aber bleibt, sind Glaube, Hoffnung, Liebe, diese drei..".* Ihr tut gut daran, Euch diesen Satz in eurer Wohnung aufzuhängen an einer Stelle, wo Ihr oft vorbeikommt. Psychologen sprechen davon, dass wir Dinge sieben mal gesehen haben müssen, bevor wir sie bewusst wahrnehmen.

So werdet Ihr vielleicht ein- bis zweimal täglich Euern Trauspruch bewusst aufnehmen und denken: Ach ja, Glaube, Hoffnung und Liebe, diese drei - das wollen wir nicht vergessen. Das kann Euch zum Halteseil werden, wenn die Gefühle füreinander aus welchem Grund auch immer eingefroren oder auf der Strecke geblieben sind. Wir brauchen solche Zeichen und Symbole der Erinnerung.

Und nun noch das Dritte: Die Liebe hat einen Namen: Jesus Christus! Von der ersten bis zur letzten Seite ist die Bibel ein Liebesbrief Gottes an uns Menschen. In immer neuer Gestalt hat sich Gott uns zugewandt bis hin zur totalen Hingabe des Jesus von Nazareth.

In ihm hatten die Apostel den Christus, den Heiland Gottes für die Welt erkannt. Seitdem hat die Liebe einen Namen und ein Gesicht. In Jesus ist die Liebe des Vaters zu uns Menschen konkret und unüberbietbar geworden. ER, Jesus, ist sozusagen der Urtyp von Liebe. Alle unsere Liebe, alle unsere Zuneigung zu Menschen kann immer nur Abbild seiner Liebe sein. Jesus selbst hatte es seinen Freunden so gesagt: *„Ein Beispiel habe ich euch gegeben, damit ihr tut, wie ich euch getan habe."* (Johannes 13,15 nach Luther)

Auch für die Liebe in Eurer Ehe gilt das. Wenn sie nicht in der Person des Jesus Christus verankert ist und von daher immer wieder neu motiviert wird, läuft sie Gefahr, bald kraftlos zu werden. Von IHM aber dürft Ihr nehmen Gnade um Gnade und täglich neu schöpfen an Glaube, Hoffnung und Liebe aus der nie versiegenden Vorratskammer unseres Gottes. Und das kann ganz ohne großen Aufwand geschehen. So wünsche ich Euch beiden in Eurem Miteinander eine gute Zeit unter dem Segen Gottes auch als mutmachendes Beispiel für junge Menschen in Eurer Nähe. Amen.

Literatur: - Kühner, Axel, Eine gute Minute

Kirche Löbnitz, Hochzeitswappen an der Patronatsloge derer von Schönfeldt

Kirche Löbnitz, Ausschnitt aus dem Altar von 1629

Wo ist mein Platz?

Predigt zur Goldenen Konfirmation über den Altar in der Kirche zu Löbnitz

Liebe Jubilarinnen und liebe Jubilare!
Liebe Gäste und liebe Gemeinde!
Vor 50 Jahren hatten Sie vor diesem Altar gekniet und den Segen Gottes zu Ihrer Konfirmation empfangen. Auch all die anderen unter uns, die in dieser Kirche getauft, konfirmiert oder getraut wurden, haben hier auf diesen Stufen gestanden oder vor dem Altar gekniet. Gekniet wie die Familie von Schönfeldt, die als Stifter dieses Kunstwerkes von 1629 im untersten Bild zu sehen ist. (Der ganze Altar der Löbnitzer Kirche ist auf Seite 6 abgebildet)

Dabei galt und gilt auch heute das Knien auf den Altarstufen nicht der Verehrung des Bildes aus Holz mit Farbe und Goldglanz, auch nicht derer von Schönfeldt. Nein, wenn wir hier knien, dann doch nur so, wie es der Apostel Paulus in seinem Brief an die Gemeinde von Ephesus bezeugte: *„Ich beuge meine Knie vor Gott, dem Vater, und bete ihn an, ihn, dem alle Geschöpfe im Himmel und auf der Erde ihr Leben verdanken.* (Eph.3,14f)

Hier vorn ist der Ort, an dem wir tatsächlich in Ehrfurcht vor der Größe und Heiligkeit Gottes auf die Knie gehen sollten, um IHN anzubeten und von IHM den Segen für die nächste Wegstrecke zu empfangen. Durch Taufe und Konfirmation sind Sie in einen Stand versetzt worden, der Ihrem Leben eine neue Qualität verliehen hatte. Gott hat sein Siegel in Ihr Herz geprägt. Denn als Getaufte und Konfirmierte sind Sie für Gott keine Fremden mehr. Gott selbst, nicht irgendeine kirchliche Institution, hat Sie heilig gesprochen.

Sie gehören zu denen, die für die Ewigkeit in der Gemeinschaft mit Gott und seinem Christus berufen sind. Jesus hatte seinen Freunden einmal gesagt: *„Freut euch nicht zuerst über große Taten, die ihr vollbringt. Freut euch vielmehr darüber, dass eure Namen im Himmel aufgeschrieben sind!“*
(nach Lukas 10, 20)

Was für eine Würdigung für Menschen, deren Leben hier so schnell zu Ende sein kann. Gott hält denen, die sich zu IHM halten, immer noch eine Türe offen, selbst wenn hier im irdischen Getümmel alle Türen zufallen.

Wie klingt das in Ihren Ohren? Wie Geschichten aus 1001-Nacht? Oder denken Sie vielleicht daran, wie Sie früher einmal mit Eifer und Feuer dabei waren? Aber dann hatte sich im Lauf der Jahre, der Jahrzehnte so viel anderes darauf geschichtet an Sorgen, Belastungen, Beziehungen und auch Beziehungsbrüchen. Der Glaube an den Vater im Himmel ist regelrecht erdrückt worden. Und dann wundern wir uns vielleicht, dass es hier und da und dort erdrutschartige Einbrüche im Leben gibt. Es scheint uns zu einseitig, zu festgelegt zu sein, wenn der Apostel Paulus sagt: *„Achtet darauf, dass euer Lebenshaus auf dem guten Fundament der Apostel und Propheten gegründet ist. Dann bringt es kein Sturm so schnell zum Einstürzen."*

(nach Epheser 2, 20)

Ja, die Apostel und die Propheten, die hatten Sie hier immer vor Augen. Und in besonderer Weise die vier Evangelisten, die Leben und Wirken des Jesus von Nazareth beschrieben hatten (Hinweis auf Altar und Kanzel!):

Da ist Johannes, der in Jesus den guten Hirten sah, der sich dem Verirrten zuwendet. Wie oft brauchen wir das, dass uns einer wieder in die Spur bringt, wenn wir uns verrannt haben; wenn wir buchstäblich mit dem Kopf durch die Wand wollten.

Da ist ein Markus, der als erster aufschrieb, was von diesem Jesus erzählt wurde. Mit dem Apostel Paulus war er auf Missionsreise gewesen, um Menschen in die Nachfolge des Jesus zu rufen: Freut euch, das Reich Gottes ist zu euch gekommen, war ihre Botschaft. Gott wendet sich seinen Menschen in allen Ländern unter allen Völkern zu. Dafür ist Jesus der treue und zuverlässige Zeuge.

Sie kennen Matthäus, den Mann vom Zoll. Aus eigener Erfahrung berichtet er von der Befreiung durch die Botschaft der vergebenden Liebe Gottes. Das kann er nicht für sich behalten.

Und schließlich Lukas, der Arzt, der voller Faszination davon schreibt, wie der Auferstandene seinen Jüngern das Verständnis für die Schrift eröffnete. Plötzlich begreifen die Männer und Frauen um Jesus die Zusammenhänge von dem Stall in Bethlehem, der Taufe im Jordan, dem letzten Abendmahl, dem Gebetskampf im Garten Gethsemane, den sie verschlafen hatten, der Kreuzigung und dem leeren Grab. Alles, was ihnen zuvor wie „böhmsche Dörfer" erschien, leuchtet jetzt auf im Glanz göttlichen Handelns. Ja, sie erkannten, dass ihnen mit diesem Jesus von Nazareth Gottes Heil zu Teil wurde; dass die gnädige Zuwendung Gottes zu allen Menschen ein

Gesicht und einen Namen bekommen hatte. Ja, das alles hatten Sie, liebe Jubilare und Jubilarinnen, immer vor Augen, so oft Sie in dieser Kirche waren. Und über sich an der Decke das ganze Evangelium in vielen Bildern!

Haben Sie schon einmal hier vorne mit Ruhe und Zeit gestanden, und haben die einzelnen Stationen aus dem Leben Jesu betrachtet? Haben Sie bei der einen oder anderen länger verweilt? Sind Sie in Gedanken vielleicht schon einmal hineingestiegen in eines dieser Bilder, haben sich dazu gestellt oder gesetzt und sich vorgestellt, wie das wäre, wenn Sie dabei gewesen wären?

In beeindruckender Weise ist in der Mitte des Altars die Tischrunde zu sehen: Da sind die, die über alles diskutieren; die auch jetzt noch darum streiten, wer der Größte von ihnen ist. Da ist einer, der mehr von Jesus wissen möchte, der immer wieder das Gespräch mit seinem Meister sucht. Da ist der, der einfach nur bei Jesus sein will in stiller Betrachtung - aber doch ganz nah. Und da ist der, dem das alles zu viel wird, der sich wegdreht, der innerlich schon ausgestiegen ist und nach neuen Zielen sucht. Auf welchem Platz hätten Sie vor 50 Jahren gern gesessen? Und welchen Platz würden Sie sich heute suchen?

Und dann sehen wir darüber das Bild der Kreuzigung, des Schauprozesses. Das ist doch geradezu grotesk: Der, der von Feindesliebe, von Barmherzigkeit und Versöhnung sprach, wird nun als Aufrührer, als Volksverhetzer und Gotteslästerer zur Schau gestellt und hingerichtet. Welch ein Hohn!

Und jetzt beim Betrachten dieser Szene nun die vielleicht unbequeme Frage: Wo finde ich mich in diesem Bild wider? Jeder Mensch muss diesem Kreuz gegenüber Stellung beziehen. Keiner von uns kommt daran vorbei. Schauen Sie sich die Personen an, die hier dargestellt sind. In welcher begegnen Sie sich selbst? Geht es Ihnen wie dem Reiter in der Mitte des Bildes, der denkt: Nur schnell weg von hier! Damit will ich nichts mehr zu tun haben! Oder gehören Sie innerlich zu der grölenden und spottenden Menge, die lacht: Soll er doch beweisen, was er kann, wenn er Gottes Sohn sein will!?

Sind Sie vielleicht ohnmächtig vor Kummer, Wut und Trauer über so viel Ungerechtigkeit in der Welt, dass jeglicher Glaube an Neues und die

Hoffnung auf Veränderung im Keim erstickt sind? Oder ist Ihr Platz dort bei dem römischen Offizier, der nach all dem, was er unter diesem Kreuz erlebt hatte, ausruft: *„Dieser Mann ist wirklich Gottes Sohn gewesen!"* (Markus 15,39)

So darf man doch wohl heute fragen: Was ist aus Ihrem Bekenntnis zu diesem Jesus nach 50 Jahren geworden? Sie sind heute eingeladen, wieder vor diesen Altar zu treten; eingeladen in die Tischgemeinschaft mit Jesus; eingeladen, den Segenszuspruch Gottes zu empfangen. Ich möchte Sie ermutigen, wenn Sie nachher zur Segnung oder zum Abendmahl nach vorne kommen, schauen Sie sich die Szenen an, hören Sie in sich hinein mit der Frage: Wo stehe ich? Oder: Wo möchte ich gern stehen oder sitzen?

Unterdrücken sie Ihre religiöse Sehnsucht nicht! Lassen Sie sich anrühren von der Begegnung mit Christus, vom Nachdenken über sein Wort. Hören Sie auf SEIN Klopfen an Ihrer Herzenstür! *„Denn nur so könnt ihr mit allen anderen Christen das ganze Ausmaß der Liebe Gottes erfahren"* - haben wir von dem Apostel Paulus gehört. (Epheser 3, 18) Diese Liebe möchte in Ihnen und durch Sie groß werden. So gehen Sie getrost und voller Zuversicht Ihre Wege. Gott ist Ihnen nahe und steht Ihnen zur Seite. Amen.

Kirche Löbnitz, Kanzel von 1629

Auf den Sockel gehoben

Predigt zum Tag des offenen Denkmals

Liebe Gemeinde und liebe Gäste!

Der „Tag des offenen Denkmals“ ist seit einigen Jahren fester Bestandteil im Kalender von Kirchengemeinden und Kommunen. Immer am zweiten Sonntag im September können an Geschichte Interessierte Schätze und Kostbarkeiten aus vergangenen Jahrhunderten in Augenschein nehmen, die sonst so nicht fei zugänglich sind.

Ich war bislang der Meinung, das Wort „Denkmal“ kommt in der Bibel nicht vor. Dem aber ist nicht so. Mindestens an zwei Stellen begegnet uns dieses Wort in der Bibel: Zuerst im Buch der Weisheit. Da wird daran erinnert, was geschieht, wenn Menschen die Weisheit Gottes verachten. Wir lesen im 10. Kapitel: *„Während die Gottlosen zu Grunde gingen, hat sie* (die Weisheit) *den Aufrechten gerettet, als der dem Feuer entrann, das auf die fünf Städte herabfiel: Noch immer zeugt dort qualmendes Ödland für deren Schlechtigkeit, tragen Pflanzen zur Unzeit Früchte, und eine Salzsäule steht da als Denkmal eines nicht vertrauenden Menschen.“*

(Weisheit 10,6f Bibel in gerechter Sprache)

Von der Frau des Lot heißt es, dass sie zur Salzsäule wurde, als sie bei der Flucht aus Sodom zurück schaute. Zur Mahnung sollte dieses Denkmal dienen.

Die andere Stelle finden wir beim Propheten Jesaja in Kapitel 56. Das ist ein Abschnitt aus dem dritten Teil des Jesajabuches, also aus nachexilischer Zeit. Neben den aus Babylon zurückgekehrten Israeliten lebte eine große Zahl fremder Menschen in Jerusalem und der Umgebung, die sich da in der zerstörten Stadt und den Dörfern angesiedelt hatten. Und nun musste die schwierige Frage des friedlichen Miteinanders geklärt werden. Sollen die Fremden vertrieben oder in die Volksgemeinschaft aufgenommen und integriert werden? Und Gott spricht durch Prophetenmund Klartext:

„»Haltet euch an meine Ordnungen, und sorgt für Gerechtigkeit! Es dauert nicht mehr lange, dann werdet ihr erleben, wie ich euch befreie und euch zum Recht verhelfe.« Glücklich ist, wer den Sabbat nicht durch Arbeit entweiht, sondern ihn als Ruhetag achtet. Glücklich ist, wer kein Unrecht

begeht. Ein Ausländer, der sich dem Herrn zugewandt hat, soll nicht sagen: »Bestimmt wird der Herr mich wieder ausschließen aus der Gemeinschaft seines Volkes.« .... Für sie ist Platz in meinem Tempel, und ich werde sie in alle Ewigkeit nicht in Vergessenheit geraten lassen. Das ist besser, als wenn sie viele Söhne und Töchter hätten, die ihren Namen weitertragen."

(Jesaja 56, 1-3a+5)

Vor Gott haben alle Menschen die gleiche Würde. Und für den Glauben Israels war und ist es bis heute entscheidend, dass Menschen entsprechend der Weisungen Gottes leben, für Gerechtigkeit eintreten und vor allem den Sabbat halten. Dann gehören sie zum Volk Gottes, egal ob sie da hineingeboren wurden oder als Fremde zugewandert sind. So sieht Gottes Integrationsprogramm aus. Politiker könnten davon lernen.

Diesen fremden zugelaufenen Menschen, die sich integrieren wollen; die sich entschieden hatten, nach den Weisungen Gottes zu leben, „denen will ich", so Gott durch den Propheten, *„in meinem Hause und in meinen Mauern ein Denkmal und einen Namen geben"* - heißt es in der Lutherübersetzung. An diese Menschen soll erinnert werden, damit ihr Leben und ihr Tun nicht in Vergessenheit gerät. Gott selbst hebt sie auf den Sockel, so dass sie nicht mehr übersehen werden können.

Im Zuge der Sanierungsarbeiten in, an und um die Löbnitzer Kirche herum sind viele Dinge entdeckt worden, die verschüttet oder einfach nicht bekannt waren, weil sie keiner aus der Nähe betrachten konnte: So die Fundamente des südlichen Seitenschiffs; die Grablager unmittelbar vor den Kirchenmauern; die Grüfte hinter dem Altar oder kleine feine Details an den Marmorfiguren der Epitaphe kurz unter der Kirchendecke.

Diese alle sind baugeschichtliche Zeugnisse vergangener Jahrhunderte. Sie erzählen Geschichten vom Glauben und vom Leben früherer Generationen. Und wenn wir so einen Stein in die Hand nehmen (alten Mauerstein hochheben!), an dem auf den ersten Blick nichts Besonderes zu sein ist, so können wir doch fragen: „Was wäre, wenn Steine sprechen könnten?" Welche Geschichte oder besser: Welche Geschichten und Geschichtchen könnte dieser Stein aus seinem mehr als 500-jährigen Leben erzählen? Was hat dieser Stein alles gesehen und gehört? Woran und worunter hat er gelitten?

Klar, das ist ein kalter Stein ohne Gefühl. Aber was haben Menschen in den vergangenen 500 Jahren hier in Löbnitz alles gedacht, getan, erlitten, erhofft und erträumt? Welche Lieder sind zu welcher Zeit in diesen Mauern erklungen? Wie viele Stoßseufzer wurden zum Himmel geschickt und wie viele Tränen geweint? Und welche Hoffnungen hatten sich mit jeder Taufe an diesem über vierhundert Jahre altem Taufstein verbunden für das Leben der Kinder, die hierher gebracht wurden? Ja, wenn Steine erzählen könnten!

Von 1529 an wurden in dieser Kirche neue Töne angeschlagen. Justus Jonas, einer der Wittenberger Reformatoren, bringt zur Visitation den Pfarrer Conrad mit nach Löbnitz. Die katholische Messe scheint ausgedient zu haben. Aber der Pfarrer muss nach wenigen Jahren das Dorf wieder verlassen. Die neue Lehre war wohl doch zu fremd. Erst 1539, zehn Jahre später, nach dem Tod des Landesherren Georg des Bärtigen, wird ganz Sachsen und somit auch Löbnitz protestantisch.

Und dieser protestantische Glaube hatte es wirklich schwer, in die Herzen der Menschen Einzug zu halten. Denn wie ein Fluch des Himmels muss den Menschen erschienen sein, was sie in der Folgezeit erlebten und erlitten: Erst regnete es von Michaelis 1539 an bis zu Ostern 1540 und dann folgt eine lange Trockenheit. Die Felder können nicht bestellt werden und so gibt es auch keine Ernte. Als Folge treiben Hungersnot, Holzteuerung und Wucherpreise viele Bauern in Armut und nicht wenige müssen ihr Land verkaufen. Im Juli 1545 weilte Martin Luther ein letztes Mal in Löbnitz und erfreute sich der Gastfreundschaft des Ernst von Schönfeldt. 1560 sind im Sterberegister von Löbnitz 13 Todesfälle verzeichnet. Davon sind 12 Kinder unter 10 Jahre alt. Oder von September 1575 bis zum Jahresende starben 85 Menschen in Löbnitz an der Pest. Hören wir noch die Klagelieder, die damals hier gesungen wurden?

Auch die Steine dieses Gotteshauses wurden immer wieder mal in die Hand genommen. Schon bei der ersten urkundlichen Erwähnung im Jahre 981 soll es in Löbnitz eine Kirche gegeben haben. Dann wird 1185 eine Backsteinbasilika erwähnt. Vielleicht der Gründungsbau für die dreischiffige romanische Kirche des Mittelalters. Nach 1688 erhält das Kirchgebäude schließlich die Bauform, die bis heute erhalten ist. Der Innenraum jedoch ist mehrfach verändert worden. So auch jetzt, wie ja deutlich zu erkennen ist.

Die Bestimmung aber eines solchen Gebäudes wird beim Propheten Jesaja schon klar und deutlich beschrieben: *„Ja, mein Haus soll ein Haus des Gebetes genannt werden für alle Völker! – so spricht der Herr.“* (Jesaja 56, 7)

Damit aber ist auch das Ziel aller Sanierungsarbeiten benannt: Die Kirche ist kein Museum, sondern ein Raum der Begegnung. Ein Raum der Begegnung von Menschen untereinander und der Begegnung mit Gott. Ein Raum, in dem Menschen einsam oder gemeinsam beten können; in dem das Evangelium von der Liebe Gottes zu allen seinen Geschöpfen zu hören ist und Menschen Ermutigung für ihren Alltag erfahren sollen; und dass Menschen in der Taufe der gnädigen Zuwendung Gottes gewiss werden. Dazu möge Gott auch in Zukunft uns seinen Segen geben. Amen.

Kirche Löbnitz, Kanzel und Prunkepitaph

Geborgen in Zeit und Ewigkeit

Predigt zur Trauerfeier über Psalm 23

Liebe Frau Scheithauer! Liebe Angehörige von Günther Scheithauer!
Liebe Gemeinde!
Der Psalm 23 ist wohl das bekannteste unter den alten Liedern der Bibel. Seit Ihrer Hochzeit, liebe Frau Scheithauer, mit der kirchlichen Trauung vor fünfzig Jahren hier in dieser Kirche begleitet Sie dieser Psalm. Und der beginnt so: *„Der Herr ist mein Hirte, mir wird nichts mangeln ... „*

Wer kann das heute noch so uneingeschränkt sagen? Leben wir doch in einer Gesellschaft, die vom Mangel geprägt ist: Mangel an Arbeit, Mangel an Liebe und Zuwendung, Mangel an Bildung und Erziehung, Mangel an Gerechtigkeit, Vertrauen und Versöhnung, Mangel an Gesundheit, Mangel an Aufrichtigkeit und Zivilcourage, Mangel an Kindern. Die Liste ließe sich fortführen. Und doch sind die Verse aus Psalm 23 ungezählten Menschen zu Halt und Trost geworden gerade in Situationen großen Mangels. *„Der Herr ist mein Hirte, mir wird nichts fehlen ...“* - heißt es in neuerer Übersetzung.

Dieses alte Lied der Bibel ist kein Hymnus auf ein Leben im Überfluss. Es beschreibt vielmehr, dass die entscheidenden Dinge des Lebens nicht käuflich sind. Da, wo Menschen alles aus den Händen gleitet, wo das Leben aus dem Ruder läuft, da brauchen wir einen oder eine, der oder die uns Halt und Orientierung geben. Und dann wird es sich zeigen, ob jemand in Zeiten innerer oder äußerer Not Sätze wie diese aus der Erinnerung hervor holen kann; oder ob jemand mit sich selbst und seinen Nöten allein bleiben muss.

Die Psalmen haben dem Glauben der Vorväter Sprache verliehen. Sie sind das Ergebnis langen Ringens zwischen Hoffen und Bangen, zwischen Angst und Vertrauen. Über Jahrhunderte geformt und geschliffen können sie uns je und dann zu Edelsteinen des Glaubens und des Lebens werden. *„Der Herr ist mein Hirte, mir wird nichts fehlen ...“* Wir brauchen solche Zeichen der Erinnerung, Hinweise auf die Güte Gottes, weil wir das sonst zu schnell vergessen.

„Der Herr ist mein Hirte ...“ - setzt eine Vorgabe. Da ist einer, der den Weg kennt; der weiß, wo es lang geht; der ein Ziel im Auge hat. Das ist Begrenzung und Bewahrung zugleich. Denn in bis heute unübertroffenen

Bildern besingt der Psalmbeter in den Versen dieses alten Liedes die Geborgenheit des Menschen, der in kindlichem Vertrauen Schutz und Hilfe bei Gott sucht. Hier ist der Ort des Trostes. Hier wird die Seele erquickt und aufgebaut. So lesen wir in den folgenden Versen:

„Er weidet mich auf einer grünen Aue und führet mich zum frischen Wasser. Er erquicket meine Seele. Er führet mich auf rechter Straße um seines Namens willen. Und ob ich schon wanderte im finsteren Tal, fürchte ich kein Unglück, denn du bist bei mir, dein Stecken und Stab trösten mich. Du bereitest vor mir einen Tisch im Angesicht meiner Feinde. Du salbest mein Haupt mit Öl und schenkest mir voll ein.“ (Psalm 23, 2-5 nach Luther)

Wunderbare Bilder sind das. Und doch gibt es das Problem, dass viele Menschen unserer Zeit die Bildersprache der Bibel nicht mehr verstehen. Es muss ihnen übersetzt werden. Die Bibel und mit ihr der Glaube an den Gott der Bibel sind ihnen fremd geworden.

Am Schluss von Psalm 23 heißt es schließlich: *„... und ich werde bleiben im Hause des Herrn immerdar.“* Da geht es natürlich nicht zuerst um das Gebäude aus Stein. Haus des Herrn ist die Gemeinde, die Gemeinschaft der Getauften, der an Jesus Glaubenden. Es ist die Gemeinschaft, in der der Glaube gelernt wird, die Geborgenheit schenkt, die auf ihrem Weg dem Herrn entgegengeht. Da darf ich zu Hause sein.

Und was finde ich im Haus des Herrn? David bezeugt: *„Gutes und Barmherzigkeit werden mir folgen mein Leben lang ...“.* Das ist sicher ein steiler Satz, wenn wir daran denken, was sich Menschen alles Schlimmes angetan haben gerade auch im Namen der Kirche, im Namen Gottes. Und was haben die vielen Millionen Gequälten und zu Tode Geschundenen in den Vernichtungslagern an Güte und Liebe erfahren? Die Antwort ist Gott bis heute schuldig geblieben.

Und doch können wir erkennen: In aller Unvollkommenheit von Kirche und Gemeinde erfahre ich in der Gemeinschaft der Glaubenden Gutes und Barmherzigkeit; Güte und Liebe. Im *„Haus des Herrn“* bin ich nämlich SEIN Gast: ER spricht mir SEINEN Trost zu. Hier stehe ich unter SEINEN Verheißungen. Er lädt mich an SEINEN Tisch. Gestärkt durch Brot und Wein als SEINE Lebensgaben kann ich vom Haus des Herrn mit neuer Zuversicht in meinen Alltag zurück kehren.

Und manchmal kann dies dann auch heißen: *„Und ob ich schon wanderte im finsteren Tal ...“.* Aber selbst auf dieser Wegstrecke, die vom Todesschatten gezeichnet ist, weiß sich der Psalmbeter geborgen. Denn sonst könnte er nicht sagen: *„ ... so fürchte ich kein Unglück, denn du bist bei mir; dein Stecken und Stab trösten mich.“*

Für an Jesus Glaubende gibt es keine Lebensabschnitte, in denen sie fürchten müssten, von Gott und allen guten Geistern verlassen zu sein. Das Gefühl will uns das zwar immer wieder einreden. Aber das ist eine Lüge. Das gilt für Sie, Frau Scheithauer, genauso wie für jeden von uns. Wir haben die Zusage Jesu, dass ER alle Tage bei uns sein wird und wir haben das Zeugnis der Apostel, dass uns keine Macht der Welt von Gott und seiner Liebe trennen kann. Das allein ist doch unser Trost in allen Begrenzungen und Einschnitten des Lebens: Es wird nicht bodenlos, nicht schutzlos. *„Der Herr ist mein Hirte ...“* So wünsche ich Ihnen, Frau Scheithauer, Ihren Angehörigen und uns allen, dass wir getrost mit diesem Bildwort leben können von Tag zu Tag. Gottes Güte und Liebe gilt allen Menschen. Das haben wir zu bezeugen. Und daran wird sich bis in Ewigkeit nichts ändern. Amen.

Psalm 23: Der gute Hirte

Der HERR ist mein Hirte, mir wird nichts mangeln.
2) Er weidet mich auf einer grünen Aue und führet mich zum frischen Wasser.
3) Er erquicket meine Seele. Er führet mich auf rechter Straße um seines Namens willen.
4) Und ob ich schon wanderte im finstern Tal, fürchte ich kein Unglück;
denn du bist bei mir, dein Stecken und Stab trösten mich.
5) Du bereitest vor mir einen Tisch im Angesicht meiner Feinde.
Du salbest mein Haupt mit Öl und schenkest mir voll ein.
6) Gutes und Barmherzigkeit werden mir folgen mein Leben lang,
und ich werde bleiben im Hause des HERRN immerdar.

(Psalm 23 nach Luther)

(Auf die persönlichen Lebensdaten des Verstorbenen konnte in der Predigt verzichtet werden, da diese in einem eigenen Teil zuvor benannt wurden.)

Denkwürdige 9. November

Predigt am 9. November 2014 zum Gedenken an den Fall der Mauer vor 25 Jahren

Liebe Gemeinde!

Der 9. November ist in vielerlei Hinsicht ein denkwürdiger Tag:

- 9. November 1914 = Schlacht bei Langemark, ein großer Teil der studentischen Elite Deutschlands stirbt auf dem Schlachtfeld
- 9. November 1918 = sog. Novemberrevolution und Ende des ersten Weltkrieges mit der Abdankung des Kaisers und Ausrufung der Weimarer Republik
- 9. November 1923 = Hitlerputsch in München
- 9. November 1938 = Reichsprogromnacht
- 9. November 1988 = in ganz Deutschland werden Bußgottesdienste zum Gedenken an den 50. Jahrestag der „Reichsprogromnacht" gehalten; Beginn der Montagsgebete in Leipzig
- 9. November 1989 = Fall der Berliner Mauer, Grenzöffnung der DDR zu Westdeutschland
- 9. November 1999 = ein Schüler am Gymnasium in Meißen ersticht eine Lehrerin
- 9. November 2006 = Einweihung der neuen Synagoge in München; Schändung des Gedenksteins für die ehemalige Synagoge in Frankfurt /Oder

Heute schauen wir mit dankbarer Freude auf die Öffnung der Grenzzäune in Berlin und der Grenze zum Westen hin vor 25 Jahren. Als unüberwindbar galt der antifaschistische Schutzwall, der der Sicherheit der DDR-Bürger dienen sollte. Dann aber wurde auf ganz unspektakuläre Weise dieses Bollwerk löchrig, so dass die einst in Ost und West getrennte Bevölkerung Deutschlands wieder zusammenfinden und sich vereinigen konnte. Genau 40 Jahre hatte die ruhmreiche DDR Bestand, gegründet auf den Lehren des Marxismus-Leninismus. Man wollte uns glaubhaft machen, dass diese Lehren für alle Ewigkeit den Menschen Glück und Frieden bringen sollten.

Wie sehr und vor allem wie schnell Menschenmacht erschüttert werden kann, haben die Anschläge vom 11. September 2001 in Amerika gezeigt.

Der Einsturz der beiden Türme des World-Trade-Centers in New York hatte die unbesiegbaren USA im Zentrum ihrer Machtansprüche getroffen. Die Angst vor ähnlichen Attentaten sitzt den Amerikanern tief im Nacken.

Von der ehemaligen Grenze zwischen Ost und West und von der Mauer um Berlin ist heute nach 25 Jahren nicht mehr viel zu sehen. Für junge Menschen ist das gar kein Thema mehr. Aber für uns, die wir die Teilung Deutschlands in uns und in unsrer Geschichte tragen, mutet es immer noch wie ein Wunder an, dass diese Grenze sich überhaupt öffnete und dass es dabei so friedlich und gewaltlos geblieben war. Es hätte auch ganz anders kommen können. Dafür gibt es genug Beispiele in der Geschichte bzw. zeigen uns das auch die blutigen Kämpfe um den arabischen Frühling oder die Befreiungsversuche der Ukraine von der russischen Vormachtstellung.

40 Jahre und 4 Wochen hatte die DDR Bestand - vom 7. Oktober 1949 bis zum 9. November 1989 -, dann hatte sie sich quasi selbst aufgelöst. Dem Papier nach gab es die DDR noch bis zum 3. Oktober 1990, aber das war nur noch ein Schatten- und Scheindasein. Die Abschaffung der DDR war da nur noch ein Verwaltungsakt. Aufgehört zu existieren hatte sie bereits am 9. November 1989, auch wenn viele überzeugte Sozialisten das nicht wahrhaben wollten.

40 Jahre sind auch in der Geschichte eine immer wiederkehrende symbolische Zeitspanne. Am stärksten wohl verbunden mit der 40-jährigen Wüstenwanderung der Israeliten zwischen Sklaverei und dem Leben in Freiheit und Selbstbestimmung. Aber im Blick auf den Fall der Mauer vor 25 Jahren ist mir ein anderes Ereignis in den Sinn gekommen. In der Evangelienlesung hatten wir schon davon gehört.

Die Freunde Jesu waren überwältigt von der Größe und dem Glanz der Tempelanlage in Jerusalem. Weit und breit gab es nichts Vergleichbares. Der Jerusalemer Tempel gehörte zu den größten Kultstätten der Antike. Herodes der Große hatte begonnen, den Tempelplatz umfassend zu rekonstruieren und dabei auch erweitert. Über Jahrzehnte wurde daran gebaut. Und die Priester taten das ihre dazu. Ununterbrochen wurden dem Gott Israels auf den Altären Opfertiere dargebracht. Zu Jesu Zeiten waren übers Jahr verteilt ca. 7.000 Priester an diesem Ort tätig.

Da konnte es gar nicht anders sein, als dass den Menschen aus den kleinen Fischerdörfern um den See Genezareth beim Anblick dieser monumentalen Anlage Mund und Augen offen stehen blieben. Und das sollte ja auch damit erreicht werden. Zu nichts anderem dienen die immer höher gebauten Kirchtürme, Büro- und Bankenhochhäuser, als dass Menschen darüber staunen und die menschliche Machtentfaltung bewundern.

Geradezu niederschmetternd muss die Antwort Jesu auf die Jünger gewirkt haben, wenn er sagt: *„»Ja, seht es euch genau an! Es kommt die Zeit, in der hier kein Stein auf dem anderen bleiben wird. Alles wird nur noch ein großer Trümmerhaufen sein.«* (Lukas 21, 6)

Das geht gar nicht! Solch ein Prunkbau kann nicht zerstört werden, werden die Jünger gedacht haben. Das hatten die Amerikaner von ihren Zwillingstürmen in New York auch gedacht. Und wer 1985 in der DDR gesagt hätte, die Mauer steht nicht mehr lange, dem hätte doch niemand geglaubt.

Es gibt immer wieder Dinge, die erscheinen so unwirklich, dass sie einfach nicht für möglich gehalten werden. Und wenn sie dann doch passieren, dann gibt's ein großes Erschrecken und Wundern zugleich. Freuen wir uns, das wir das Wunder von Berlin miterleben durften.

Ganz anders erging es den Menschen in Jerusalem vor 2.000 Jahren. Vierzig Jahre nach dem Jesus seine Unheilsprophetie über die Stadt und den Tempel ausgesprochen hatte, wurden Stadt und Tempelberg von der römischen Besatzungsmacht belagert, erstürmt und niedergerissen. Es muss ein grausiges Blutbad gegeben haben und dahin war der Glanz des Heiligtums. Bis heute trauern orthodoxe Juden um ihren Tempel, dessen Reste sie nicht einmal betreten dürfen. Geblieben ist ihnen nur ein Stück der Mauer, die einst den Tempelberg stützte. Dieses Mauerteil ist uns heute als die „Klagemauer" bekannt.

Fast 40 Jahre hatten Herodes und seine Nachfolger die Tempelanlage erneuern und verschönern lassen. Ein ewiges Denkmal wollten sie sich damit setzen. Doch diese Ewigkeit dauerte genau wie die DDR lächerliche 40 Jahre. Was sind aber schon 40 Jahre bei 10.000 Jahren Menschheitsgeschichte oder im Blick auf die 13 Milliarden Jahre des Universums? Für uns Menschen jedoch sind 40 Jahre viel, die Hälfte des Lebens. Vierzig Jahre, die uns prägen und formen und die wir nicht einfach wegstecken oder vergessen können.

Deshalb sollte uns der 9. November 1989 in dankbarer Erinnerung bleiben als Zeichen dafür, dass nichts von Menschenhand Geschaffenes auf dieser Erde bleibenden Bestand hat. Gewaltsames Niederreißen und Zerstören, wie es die Nazis am 9. November 1938 taten oder wie es mit dem Tempel in Jerusalem oder dem World-Trade-Center in New York geschah, sind keine Lösungen. Gewalt produziert immer nur neue Gewalt.

Dass das Ende der DDR so friedlich und gewaltlos von statten ging, war nicht menschengemacht. Hier hatte wohl Gott seine Hand im Spiel und hatte verhindert, dass die bereit stehenden Panzer und Wasserwerfer zum Einsatz kamen; hatte verhindert, dass Macht besessene und parteitreue Genossen ihre Schusswaffen gebrauchten.

Die so genannte „friedliche Revolution“ ist - so weit ich weiß - einmalig in der Menschheitsgeschichte. Schon deshalb muss das Bewusstsein daran künftigen Generationen erhalten bleiben. Nicht in der Verklärung, bei der sich wieder menschliche Eitelkeit in den Vordergrund schiebt. Nein, dazu gibt es wahrlich keinen Grund. Aber, dass das Staunen bleibt über das, was da über uns gekommen ist und die Dankbarkeit für ein Leben, nach dem wir uns so lange gesehnt hatten. Dafür sei Gott Dank heute und alle Tage unsres Lebens. Amen.

Der Autor bei der Predigt zum Motorradgottesdienst 2013 in Löbnitz

Gott ist verrückt nach dir

Predigt zum Motorradgottesdienst in Eilenburg über Lukas 15,11-14+20
Den am Gottesdienst Teilnehmenden wurden zu Beginn Blätter ausgeteilt mit Liedern, Versen aus Psalm 139 und dem gemeinsamen Gebet.

Liebe Motorradfahrer und Motorradfahrerinnen!
Liebe Motorradbegeisterte!
Jeder Mensch braucht Ziele und Träume, auf die er oder sie zuleben kann. Wer solche Ziele nicht kennt oder hat oder wem solche Ziele und Träume untersagt und verboten werden, dem geht der Sinn des Lebens schnell verloren. Da kann von außen betrachtet im Leben eines Menschen alles in Ordnung sein: gute Ehe, gesunde Kinder, ordentliche Bezahlung für den Job, gemütliches eigenes Heim, akzeptabler Freundeskreis, das heißt, das Leben läuft in guten Bahnen - aber du hast keine Ziele mehr, für die es sich wirklich lohnt zu leben, wird doch alles andere fade und öde.

Das ist nicht nur ein Thema in unserer auf Freizeitgestaltung getrimmten Gesellschaft. Das war schon immer so. Der Mann aus Nazareth, der vor 2000 Jahren als Wanderprediger durch Israel zog, erzählte einmal eine Geschichte von einem jungen Mann, der es zu Hause nicht mehr ausgehalten hatte. Bei dem war alles da. Der brauchte nicht einmal zu arbeiten. Dafür gab's Mägde und Knechte. Aber seine Träume konnte er nicht leben. Die Geschichte beginnt so: *„»Ein Mann hatte zwei Söhne«, erzählte Jesus. »Eines Tages sagte der jüngere zu ihm: ›Vater, ich will jetzt schon meinen Anteil am Erbe ausbezahlt haben.‹ Da teilte der Vater sein Vermögen unter ihnen auf. Nur wenige Tage später packte der jüngere Sohn alles zusammen, verließ seinen Vater und reiste ins Ausland. Dort leistete er sich, was immer er wollte."* (Lukas 15, 11-13)

Junge Leute müssen das elterliche Nest verlassen, um erwachsen zu werden. Bei den Vögeln ist das ein ganz normaler Vorgang, dass Nesthocker von den Alten aus dem Nest geworfen werden. Denn nur Vögel, die das Nest verlassen, lernen fliegen und finden in ihre Bestimmung. Wer mit 35 Jahren noch bei Muttern zu Hause am Küchentisch sitzt und sein Frühstück runterwürgt, hat den Absprung zur eigenen Lebensgestaltung verpasst.

Also: Der junge Mann, von dem Jesus in dieser Geschichte erzählt, machte das Natürlichste von der Welt. Er will sich ausprobieren; will wissen, was das Leben kostet und für ihn zu bieten hat. Dass er sich dabei übernimmt und verkalkuliert, gehört doch ganz normal dazu, wenn junge Menschen das Leben in vollen Zügen genießen und auskosten wollen. Nur die Erfahrung des Scheiterns lässt die eigenen Grenzen erkennen und führt hoffentlich zur Vernunft. Junge Menschen auf dem Wege zum Erwachsenwerden müssen Fehler machen dürfen.

Dies mit ansehen zu müssen, ist für Eltern oft schmerzhafter als für die, die die Fehler machen. Eltern aber, die ihre Kinder vor jedem möglichen Fehler bewahren wollen, helfen diesen nicht ins Leben, sondern hindern sie daran, eigenständig und eigenverantwortlich zu werden.

In der Geschichte, die Jesus erzählte, können wir davon ausgehen, dass der Vater sehr wohl wusste, wie es dem Nestflüchter ergehen würde und er ließ ihn trotzdem ziehen. Wir lesen weiter: *„Nur wenige Tage später packte der jüngere Sohn alles zusammen, verließ seinen Vater und reiste ins Ausland. Dort leistete er sich, was immer er wollte. Er verschleuderte sein Geld, bis er schließlich nichts mehr besaß. In dieser Zeit brach eine große Hungersnot aus. Es ging ihm sehr schlecht."* (Lukas 15, 13+14)

Dieser Jesus von Nazareth ist ja kein Geschichtenerzähler um der Geschichten willen. Jesus erzählte diese Geschichte, um den Menschen zu zeigen, wer und wie der Gott ist, den er mit „Vater im Himmel" anredete. Das Bild des Vaters war für Jesus wohl das Bild, welches er am besten auf seine Gottesvorstellung übertragen konnte. Das geht natürlich nur, wenn das eigene Vaterbild positiv gefüllt ist. Vor 35 Jahren hatte ich in einer Jungengruppe einen Elfjährigen dabei, der von seinem Vater nur von dem „alten Hurenbock" sprach. Da konnte ich schlecht mit dem Vaterbild Gottes landen.

Jesus spricht von Gott im Vaterbild und bringt damit die unendliche Sehnsucht Gottes nach Beziehung zu uns Menschen zum Ausdruck. Er beschreibt in der Geschichte den Vater, der auf die Rückkehr des Sohnes wartet, als einen alternden Mann, der sich närrisch benimmt. Nachdem aber der junge Mann am Tiefpunkt angekommen war, trifft er eine Entscheidung, denn es heißt weiter: *„Er machte sich auf den Weg und ging zurück zu seinem Vater. Der erkannte ihn schon von weitem. Voller Mitleid lief er ihm entgegen, fiel ihm um den Hals und küsste ihn."* (Lukas 15,20)

Ja, so ist Gott, will Jesus sagen. Da gibt es kein: „Dann hau doch endlich ab!“. Da wird keine Tür für immer zugeschlagen. Da ist das Tischtuch nicht zerrissen und der Stuhl nicht vor die Tür gestellt.

Was immer du jemals vom lieben Gott gehört oder auch nicht gehört hast; welche Erfahrungen du jemals mit Gott gemacht hast - meistens sind es ja wohl eher Erfahrungen mit dem Bodenpersonal - das alles kannst du nach dieser Geschichte vergessen. Denn Gott ist nicht der kleinliche alte Mann mit Rauschebart und erhobenem Zeigefinger, der dir jegliche Freude am und im Leben verbietet.

Gott kann das gut aushalten, dass du eigene Wege gehst, dass du dich ausprobierst, um die dir entsprechende Lebensart zu finden. Entscheidend ist doch, dass du in dir spürst: Ja, das ist das, was ich mit Überzeugung machen will, was meinem Wesen entspricht und mich in Herz und Seele befriedet. Das, wohin meine Träume mich führen. Dass da einer oder eine zu sich selbst findet. Und mit ein bisschen Glück entdeckst du, dass Gott immer schon da ist, wo du mit dir selber hinkommst, wie wir es in dem alten Lied der Bibel zu Beginn gehört und gelesen hatten.

Gott ist doch keine Institution, die wir nach Belieben aufsuchen oder wieder verlassen könnten. Gott ist Ursprung und Quelle allen Lebens; ist die Energie, die die belebte wie die unbelebte Materie hervorgebracht hat. Und diese Lebensenergie ist doch überall da gegenwärtig und präsent, wo Leben ist. Die einen sagen Gott dazu, andere sagen Weltgeist oder auch Uranfang und Ursinn.

Der Schriftsteller Karl Julius Weber aus Süddeutschland hatte schon vor 200 Jahren einen für mich sehr klugen Satz geschrieben.: *„Religion ist ein Prisma, von dessen sieben Farben jeder seine Lieblingsfarbe wählen mag. Alle aber rühren nur von einem Sonnenstrahl her.“* Das ist doch befreiend. Du musst dich und andere nicht festlegen auf einen bestimmten Glauben. So wie es viele Farben gibt, so können Menschen auf ganz verschiedene Weise mit Gott in Kontakt kommen und dabei zu sich selbst finden.

Ich wünsche euch, dass ihr euch offen haltet für den, von dem Jesus als von „unserem Vater“ gesprochen hatte, ganz gleich wo und wie ihr mit diesem großen Unbekannten Erfahrungen sammelt. Dieser liebende und barmherzige Gott segne euch in euern Häusern, bei der Arbeit und im Unterwegssein. Amen.

Bikerandacht in der Löbnitzer Kirche

Verzeichnis der Bibeltexte

Die Seitenzahlen beziehen sich immer auf den Anfang der jeweiligen Predigt. Kürzere Texteinschübe sind nicht extra aufgeführt.

Wenn es nicht anders vermerkt ist, sind die biblischen Texte der Bibelausgabe „Hoffnung für alle" bzw. der „Bibelcard 3.0 Hoffnung für alle" aus dem Brunnenverlag entnommen.

Zum Schutz der Personen wurden die Namen in den Kasualpredigten geändert.

Literaturnachweise

1. Bibelausgaben:
   - Die Bibel nach der Übersetzung Martin Luthers, Evangelische Hauptbibelgesellschaft zu Berlin und Altenburg, Revidierte Fassung von 1984, Altenburg 1986.

     Hinweis des Verlages für die Abdruckerlaubnis:
     Lutherbibel, revidierter Text 1984, durchgesehene Ausgabe, © 1999
     Deutsche Bibelgesellschaft, Stuttgart
   - Dr. Ulrike Bail / Frank Crüsemann / Marlene Crüsemann (Hrsg.), Bibel In gerechter Sprache, © 2006, Gütersloher Verlagshaus, Gütersloh, in der Verlagsgruppe Random House GmbH
   - Hoffnung für alle, Die Bibel, Brunnen-Verlag Basel und Gießen, 1996.

     Hinweis des Verlages für die Abdruckerlaubnis:
     »Die Bibelstellen sind der Übersetzung Hoffnung für alle® entnommen,
     Copyright © 1983, 1996, 2002 by Biblica, Inc.®. Verwendet
     mit freundlicher Genehmigung des Herausgebers Fontis – Brunnen Basel.«

2. Zitierte Literatur:

- Biser, Eugen, Theologie der Zukunft, Eugen Biser im Gespräch mit Richard Heinzmann, © 2005 by WBG (Wissenschaftliche Buchgesellschaft) Darmstadt, 3. Aufl. 2010.
- Boff, Leonardo, Geerdeter Glaube, Ausgewählte Texte, Zusammengestellt von Bruno Kern, Verlagsgemeinschaft topos plus, © Lahn-Verlag, Kevelaer, 2013.
- Dietrich, Wolfgang, Gerechtigkeit. Aus: Hrsg. Angelika Büchelin, Adventlich leben, Ein spiritueller Begleiter, Verlag am Eschbach der Schwabenverlag AG, Eschbach/Markgräflerland, © 2008.
- Geistliche Nachrichten aus der Ev. Communität & Geschwisterschaft Koinonia, Nr. 1/2014, Heidelberg.
- Jörns, Klaus-Peter, Notwendige Abschiede, Auf dem Weg zu einem glaubwürdigen Christentum, © 2004 by Gütersloher Verlagshaus, Gütersloh, 4. Aufl. 2008.
- Kühner Axel, Eine gute Minute, 365 Impulse zum Leben, © 1994 Aussat Verlag Neukirchen-Vluyn, 6. Aufl. 2000.
- Kühner, Axel, Überlebensgeschichten für jeden Tag, © 1991 Aussat Verlag Neukirchen-Vluyn, 12. Aufl. 2000.
- Kühner, Axel, Zuversicht für jeden Tag, © 2001 Aussat Verlag Neukirchen-Vluyn.
- Sölle, Dorothee, Den Rhythmus des Lebensspüren, Inspirierter Alltag, © Herderverlag Freiburg, 2001, 3. Aufl..

- Steffensky, Fulbert, Das Haus, das die Träume verwaltet, © 1998 Echter Verlag Würzburg, 10 Aufl. 2009.
- Tucholsky, Kurt, Das Ideal, veröffentlicht unter dem Pseudonym Theobald Tiger in: Berliner Illustrierte Zeitung, 31.07.1927, Nr. 31, S. 1256; Quelle: Internet unter: „textlog.de".
- Voigt, Gottfried, Der schmale Weg, Homiletische Auslegung der Predigttexte der Reihe I, © 1978 Evangelische Verlagsanstalt Berlin.

Den Verlagen sage ich herzlichen Dank für die freundliche Unterstützung.

In geschwisterlicher Nähe:
Die katholische Kirche von Löbnitz vom Turm der evangelischen Kirche aus gesehen.

Printed by Books on Demand GmbH, Norderstedt / Germany